KB181046

최진석
선생님이
추천하는 지금
이 순간
청소년
인문학

최진석
선생님이
추천하는 지금
이 순간
청소년
인문학

글 김재익 · 이임찬 · 조성환

||\ 책담

인문학이란 무엇인가?

– 자기로 사는 법에 대한 탐구 –

언제부터인가 한국 사회에서는 '인문학 붐'이 불고 있습니다. 서점에 가면 인문학 책이 베스트셀러 코너에 진열되어 있고, 기업을 운영하는 CEO들도 인문 고전을 공부하려고 열심입니다. 학부모들도 자녀 교육에서 한문이나 철학 같은 과목을 중시하기 시작했고, 시민을 대상으로 하는 인문학 강좌가 이곳저곳에서 봇물처럼 쏟아지고 있습니다. 왜 이런 현상이 일어날까요? 대체 인문학이 무엇이길래 한국 사회에서 폭발적인 인기를 끌고 있는 것일까요?

'인문'이란 말 그대로 하면 '인간(人)이 그리는 무늬(文)'라는 뜻입니다. 쉽게 말하면 인간의 동선을 말합니다. 따라서 인문학이란 인간이 그리는 무늬 즉 동선을 탐구하는 학문을 말합니다. 구체적으로는 문학과 사학 그리고 철학과 같은 학문을 가리킵니다. 줄여서 '문사철'이라고도 하지요. 문학이란 언어의 수사적 기법을 사용하여 인간이 그리는 무늬를 감동적으로 표현하는 것을 말합니다. 사학이란 사건의 시간적인 계기를 따라서 인간이 그리는 결의 흔적을 추적하는 학문입니다. 마지막으로 세계를 관념으로 포착하여 관념들의 유기적 연관성을 가지고 인간을 탐구하고 세계를 설명하면 철학이 됩니다.

그렇다면 이런 학문을 배우는 것이 왜 중요할까요? 당장 현실에 도움이 될 것 같지 않은 학문을 지금같이 바쁜 세상에 꼭 배워야만 할까요? 재미있게도 정답은 바로 그 '세상'에 있습니다. 세상이 그렇게 바쁘게 돌아가고 있기 때문에 느리게 돌아가는 것같이 보이는 인문학이 필요한 것이지요.

여러분도 잘 알다시피 오늘날 세계는 그 어느 때보다도 복잡하고 다양하게 변화하고 있습니다. 국제 정세의 판도는 물론이고 세계 경제의 흐름, 문화 간의 교류, 기술의 발달 등등 모든 것이

하루가 다르게 바뀌고 있습니다.

그런데 인문학적 훈련이 되어 있지 않으면 이런 새로운 사태를 만났을 때 대부분 '정치적 판단'을 하게 됩니다. 여기서 '정치적 판단'이란 '좋다', '나쁘다', '마음에 든다', '마음에 안 든다'는 식의 반응을 말합니다. 이것은 자기가 이미 가지고 있는 신념이나 생각들을 가지고 새로운 사태를 판단하는 방식입니다. 즉 새로운 현상이 자기가 갖고 있는 기존의 기준에 맞으면 좋다고 하고 안 맞으면 나쁘다고 하는 것이지요. 그런데 바로 이런 성향 때문에 사람들은 대개 새로 전개되는 상황을 정확하게 이해하지 못하고 지나쳐 버리고 맙니다.

이것은 마치 성공한 사람에게 가장 큰 적은 성공 그 자체인 것과 비슷합니다. 성공 기억이 너무 강하면 새로 직면하는 상황을 그 자체의 맥락으로 보지 못하고 과거의 성공했던 추억의 연장선상에서 보려고 합니다. 즉 지난 시대의 기억으로 새 시대를 보는 것이지요. 그 결과 정확한 판단이 불가능해지고, 두 번째 성공도 어려워집니다. 따라서 지속적인 성공을 하려면 자기를 지배하고 있는 이전의 성공 기억을 잊어버리고 새로운 상황을 새롭게 받아들이는 자세가 필요합니다. 즉 세계를 보고 싶은 대로 보는 게 아니라 텅 빈 마음으로 보이는 대로 보아야 하는 것이지요.

신념이나 가치관도 마찬가지입니다. 자기 신념이 강하면 강할수록 세상의 변화 흐름에 맞추지 못하게 됩니다. 세상은 변하는데 자기 신념은 그대로이기 때문이지요. 따라서 자기를 지배하고 있는 신념이나 확신에서 벗어나야 비로소 세상이 있는 그대로 보이게 됩니다. 전통적으로 한국이나 중국 또는 일본의 철학은 이런 인간관을 지향했습니다. 동아시아 삼국의 인문학 전통의 특징이기도 하지요.

그렇다면 자신을 지배하고 있는 고정 관념을 벗어던지면 무엇이 남을까요? 바로 자기 자신이 남게 됩니다. 자기가 온전히 자기 주인으로 등장하게 되는 것이지요. 이것을 철학적으로는 '독립된 주체'라고 합니다. 외부에서 주어진 가치관에 따라 행동하는 것이 아니라 자기가 자기의 주인이 되는 것이지요. 창의성이란 바로 여기에서 발휘됩니다. 즉 자기가 자기의 주인이 될 때 비로소 창의적인 사람이 됩니다. 외부에서 누가 "무엇 무엇을 하라"고 해서 하는 것이 아니라 자기가 자기의 주인이 되어 자발적으로 무언가를 하고 싶은 마음이 들 때 '새로운' 것이 나오게 되는 법이지요.

신념이나 가치관은 기본적으로 집단의 것입니다. 즉 '우리'가 공유하는 '우리'의 것이지요. 다시 말하면 '나만의 것'이 아니라는 것입니다. '우리'는 '나'를 가두는 감옥과 같습니다. '우리'가 일반적으로 공유하는 신념과 가치관에서 벗어난다는 것은 곧 '내'가 되었음을 뜻합니다. 이 '나'는 '나'만 가지고 있는 것입니다. 즉 '나'에게만 있는 고유한 것이지요. 다른 사람들과 공유하고 있는 어떤 것으로는 고유한 '나'를 확인할 수 없습니다. '나'에게만 있는 것, '나'를 '나'이게 하는 것이 바로 '나'의 '욕망'이지요.

창의적인 사람, 독창적인 사람, 성공하는 사람은 바로 자기가 하고 싶은 것, 자기가 좋아하는 것, 자기가 욕망하는 것을 하는 사람들입니다. 가령 세계적인 가수 싸이가 소속되어 있는 YG엔터테인먼트의 양현석 대표는 어느 인터뷰에서 다음과 같은 말을 했습니다.

남들이 (나를) 2000억 부자라고 한다. (그런데) 생각해 보자. 삶에서 보람된 일이 뭘까? 재산이 2조 원이 있으면 만족할까. 그렇지 않다. 돈은 내가 하고 싶은 일을 하기 위해서 필요한 거다. 나는 돈을 벌기 위해서 음악을 하지 않았다. 1990년대 힙합이 뿌리내리지 않았을 때도 지누션과 원타임을 만들었다. 당시 힙합은 돈이 되지 않았다. 내가 너무 좋아하는 음악이어서 대중과 나누고 싶었다. 지금도 그렇다. 즐겁기 때문에 음악을 만들지 억지로 돈을 벌려고 앨범을 낸 적은 없다.

〈싸이 소속사 YG엔터 양현석 대표에 듣는다〉(《매일경제신문》 2013년 1월 2일 자)

크게 성공한 사람들은 대개 이런 식으로 말합니다. 좋아서 하다 보니 그렇게 되었다는 것이지요. 사실 빌 게이츠Bill Gates(1955~)나 스티브 잡스Steve Jobs(1955~2011)의 성공담과 크게 다르지는 않습니다.

"내가 너무 좋아하는 음악이어서 대중과 나누고 싶었다."

저는 이 한 구절이 오늘의 양현석 대표를 만들었다고 믿습니다. 이 '좋아하는'을 통해서 그는 다른 누가 아니라 바로 '양현석'이라는 사람이 되었습니다. 싸이도 마찬가지입니다. 자기가 하고 싶은 대로 질러 버렸기 때문에 독창적일 수 있었던 것이지요.

'좋아하는'을 추구하면 일반적으로 따르는 기준이나 계산 또는 표준 등을 벗어나게 됩니다. 누구나 숭상하는 '신념'을 따르지도 않습니다. 통념을 벗어날 수 있습니다. 상식을 초월할 수 있습니다. 자신만의 '욕망'에 집중하면 새로운 세계가 열리게 됩니다. 자기 내면에 비밀스럽게 자리 잡고 있는 창조적 충동에 따르는 사람은 '우리' 가운데 한 명이 아니라 고유한 '그 사람'으로 살고 있습니다.

인문학은 자기로 사는 법을 알려 주는 지침서와 같습니다. 인문학을 하게 되면 누군가를 따라가는 것이 아니라 자기의 고유한 영역을 개척하게 됩니다. 자기가 인생의 주인이 되고 세상의 중심에 서게 됩니다. 자기에게 부여된 고유한 능력을 가장 창조적으로 사용하게 됩니다. 여기에서 바로 '행복'이 주어지게 됩니다. 그래서 인문학은 행복하게 사는 길에 대한 탐구라고 할 수 있습니다. 자, 여러분도 한번 행복한 인문학의 세계에 빠져 보지 않으렵니까?

서강대학교 철학과 교수 최진석

2 세상과 마주하기

1 나를 알아 가기

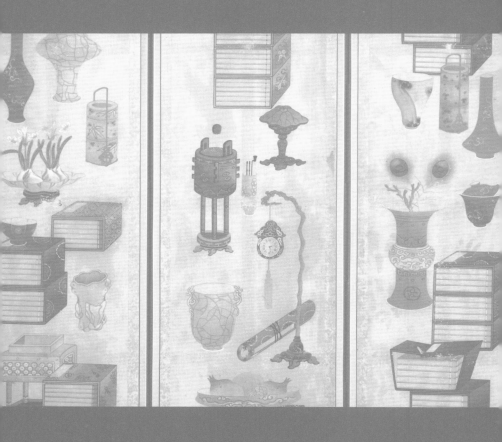

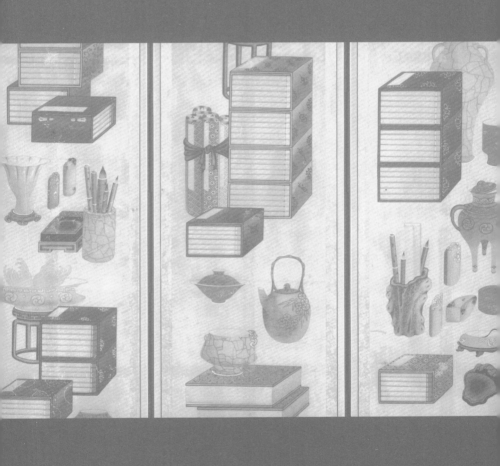

행복

너, 지금 행복하니?

이임찬

장자

여러분은 행복하게 살고 싶은가요? 아니면 불행하게 살고 싶은가요?

너무 뻔한 질문이지요. 누구나 행복하게 살고 싶어 하겠지요. 그럼, 어떻게 하면 행복할 수 있을까요? 이 질문은 좀 어렵지요?

먼저 주변을 한번 둘러보세요. 누구나 행복하게 살고 싶어 하지만, 그렇지 못한 사람들이 많습니다. 어떤 사람은 가난해서 불행해 보입니다. 어떤 사람은 병 때문에 고통스럽게 지내고요. 어떤 연예인은 돈도 많고 인기도 많지만 불행히도 자살을 선택했습니다. 또 어떤 사람은 친구들과 어울리지 못하고 항상 외로워합니다.

우리는 살기 위해서 음식, 옷, 집 등이 필요합니다. 이런 것을 준비하기 위해서는 돈이 필요하고요. 하지만 돈만 있다고 행복한

건 아니지요. 돈이 많아도 몸이 건강하지 않으면 행복할 수 없겠지요. 그렇다고 건강만이 최고도 아닙니다. 몸이 건강해도 마음이 아픈 사람은 또 행복할 수 없으니까요.

잠깐만 생각해 봐도 행복하기 위해 필요한 것이 너무 많지요? 하지만 우리는 모든 것을 다 가질 수 없습니다. 아, 그러면 어떻게 하지요? 우리는 불행할 수밖에 없나요? 다시 한 번 주위를 둘러보세요. 모든 것을 갖지 않고도 행복한 사람들이 많습니다. 어떻게 된 걸까요?

이제부터 모든 것을 갖지 않고도 행복한 사람들의 이야기를 하려 합니다. 그런데 행복은 아주 복잡한 문제입니다. 행복은 우리 삶의 모든 부분과 연결되어 있기 때문입니다. 그래서 행복과 관련된 세 가지 주제를 중심으로 이야기하려 합니다.

첫 번째는 '욕망'입니다. 욕망을 중심으로 행복과 물질적 조건의 관계를 살펴볼 것입니다. 두 번째는 '노력'입니다. 행복은 하늘에서 뚝 하고 떨어지는 것이 아니지요. 각자 자신의 행복을 발견하고 또 만들어 나가야 합니다. 세 번째는 '관계'입니다. 자신과 타인의 관계 속에서 행복을 찾아보는 것입니다.

하지만 앞으로의 이야기가 "행복은 이런 것이다"라고 정답을 알려 주지는 못할 것입니다. 또한 행복해질 수 있는 방법도 알려 주지 못할 것이고요. 다만 여러분 각자가 자신이 생각하는 행복은 어떤 것인지, 어떻게 하면 행복하게 살 수 있는지 생각하는 기회가 되었으면 합니다.

행복, 그게 뭐야?- 행복 묻기

하루 중에 여러분이 가장 긴 시간 동안 하는 일이 무엇인가요? 아마도 학교나 학원에서 하는 공부겠지요. 그럼 공부를 왜 하나요? 좋은 대학에 가고 싶다고요? 그럼 좋은 대학은 왜 가려 하나요? 좋은 직장을 구하기 위해서겠지요. 좋은 직장은 왜 구하려 하나요? 돈을 벌기 위해서겠지요. 돈은 왜 벌려고 하나요?…….

이렇게 끊임없이 질문을 하면, 여러분은 마지막에 어떤 대답을 하게 될까요? 한번 스스로 해 보세요. 해 봤나요? 그러면 이제 아리스토텔레스*의 이야기를 들어 볼까요.

---

* 아리스토텔레스Aristoteles(B.C.384~B.C.322): 고대 그리스의 철학자. 17세에 플라톤의 아카데미아에 들어가 20년간 공부했으며, 후에 알렉산더 대왕의 가정 교사를 하기도 했다. 그는 방대한 지식을 바탕으로 학문을 체계적으로 분류했는데, 이러한 분류법은 현대 학문 분류의 기초가 되었다. 이상적이고 초월적인 이데아에 대한 앎을 추구했던 스승 플라톤과 달리, 아리스토텔레스는 경험적이고 상식적인 세계에서 인간이 성취할 수 있는 좋음(善)을 추구하였다. 《범주론》, 《명제론》, 《자연학》, 《형이상학》, 《니코마코스 윤리학》, 《정치학》, 《수사학》, 《시학》 등 수많은 저술이 전해지고 있다.

여러 목적들 사이에는 뚜렷한 차이가 있는 것처럼 보인다. …… 가령, 말의 굴레를 만들거나 그 밖의 마구를 만드는 데 관계되는 모든 기술은 승마 기술에 종속되고, 승마와 모든 군사 행동은 전쟁 기술에 종속된다. 이와 같은 방식으로 여러 다른 기술들이 또 다른 기술들에 종속된다. 이때 커다란 목적이 다른 종속적 목적보다 더욱 선택할 만한 것이다. 왜냐하면 후자의 목적은 전자의 목적을 이루기 위한 도구이기 때문이다.

《니코마코스 윤리학》* 제1권, 1장 1~4절

말의 굴레, 고삐, 안장 등을 만드는 이유는 말을 타기 위해서입니다. 말을 타고 전투를 하는 이유는 전쟁에서 승리하기 위해서입니다. 이렇게 어떤 행위는 또 다른 행위를 잘하기 위한 도구이자 수단입니다.

여러분은 지금 좋은 성적을 얻기 위해 공부하고 있지요. 하지만 이것은 최종적인 목적이 아니라, 좋은 대학을 가기 위한 수단

---

*《니코마코스 윤리학》: 아리스토텔레스의 도덕 철학을 담고 있다. 아리스토텔레스가 자신의 아들인 니코마코스에게 헌정한 책, 또는 니코마코스에 의해 편집된 책이기 때문에 《니코마코스 윤리학》이라 불린다고 전한다. 여기서 그는 인간의 모든 행위에는 목적이 있으며, 그 최종적 목적은 '에우다이모니아Eudaimonia(행복, 좋은 삶)'라고 말한다. 지나침과 모자람의 적정한 중간 상태를 뜻하는 '중용中庸'도 이 책에서 논의된다.

일 뿐입니다. 그럼 최종적인 목적은 무엇일까요? 아리스토텔레스는 행복이라고 했습니다. 여러분의 대답과 같은가요?

처음에 여러분에게 행복하게 살고 싶은지, 아니면 불행하게 살고 싶은지 물었습니다. 단언컨대, 여러분 모두 행복하게 살고 싶다고 했을 거예요. 이때 여러분은 자신의 가장 큰 목적을 행복이라고 말한 것과 같습니다.

처음에 여러분이 행복하게 살고 싶다고 대답했을 때, 혹시 "내가 꿈꾸는 행복은 어떤 것일까"라고 스스로 물어보았나요? 만일 물어보지 않았다면, 사실상 행복에 대해 생각해 보지 않은 것입니다. 이제 행복이 우리의 큰 목적이었다는 것을 확인했습니다. 다시 말해서, 여러분의 목적이 뛰어난 성적이나 좋은 대학이 아니었다는 것을 확인한 것입니다.

어때요? 행복이 자신의 가장 큰 목적이었다는 것을 확인하고 나니, 처음에 가볍게 대답했을 때와 느낌이 다르지요? 우리는 행복하게 살고 싶어 합니다. 그런데 우리가 행복해지기 위해 목표로 삼았던 좋은 성적과 대학 등이 오히려 우리를 괴롭히기도 합니다. 무엇이 문제일까요?

아무래도 우리 모두 행복에 대해 좀 더 진지하게 생각해 봐야겠습니다. 약 2,300년 전에 살았던 고대 중국의 철학자 장자*도 행복에 대해 진지하게 생각했습니다. 그리고 이런 질문들을 던졌지요.

천하에 최상의 행복이 있는가, 없는가?

자신을 살리는 방법이 있는가, 없는가?

지금 무엇을 하고, 무엇을 따라야 하는가?

지금 무엇을 피하고, 무엇에 몸담아야 하는가?

지금 무엇을 취하고, 무엇을 버려야 하는가?

지금 무엇을 좋아하고, 무엇을 싫어해야 하는가?

《장자》* 〈지락〉*

장자가 행복과 관련해서 던진 질문들을 가만히 살펴보세요. 장자는 행복이 무엇인지 묻지 않습니다. 오히려 지금 무엇을 해야 하는지, 무엇을 피해야 하는지, 어떤 것들을 좋아해야 하는지 등을 묻고 있습니다. 한마디로 말하자면, '어떻게 살 것인가?'를 묻고 있는 것입니다.

왜 장자는 행복이 무엇인지 묻지 않고, 어떻게 살 것인가를 물을까요?

우선, 행복은 만질 수도 없고 볼 수도 없습니다. 행복은 우리 각자의 마음속에서 물방울처럼 떠오르는 즐겁고 기분 좋은 느낌입니다. 이 기분 좋은 느낌이 무엇인지를 말하는 것은 별로 중요하지 않습니다. 이미 우리가 느끼고 있으니까요. 오히려 그런 느낌을 지속하는 것이 중요하겠지요.

또한 이러한 느낌은 우리가 살아가는 하루하루의 일상생활을 떠나서는 느낄 수 없습니다. 하루가 모여 1년이 되고, 10년이 되고, 우리 각자의 일생이 됩니다. 자신의 삶이 행복한지 그렇지 않은지는 하루하루를 어떻게 사는지에 달려 있습니다.

이제 왜 장자가 어떻게 살 것인가를 물었는지 이해되나요? 행복하게 산다는 것은 결국 하루하루의 일상을 잘 사는 것이기 때문입니다. 그래서 행복이 무엇인가를 묻기보다 어떻게 하면 잘 살 수 있는가를 물은 것입니다. 행복이 뭔지 모르면 어때요? 우리 각자가 행복해지는 것이 중요하지 않겠어요?

＊ **장자莊子**(B.C.369?~B.C.286?): 중국 전국 시대 도가 철학자. 성은 장莊이고, 이름은 주周이며, 송宋나라 사람이다. 몽蒙(현재의 하남성 상구시)이라는 곳에서 하급 관리를 지냈다고 전해지지만, 그의 생애에 대한 확실한 기록은 없다. 장자는 당시 군주들의 폭정과 전쟁 그리고 인위적 규범 등 현실의 문제들에 대해 날카로운 비판을 제기했으며, 인간과 세계의 참모습에 대한 이해에 기초하여 소요逍遙하는 절대 자유의 삶을 그렸다.

＊ **《장자莊子》**: 장자의 저작으로 《남화진경南華眞經》이라고도 불린다. 내편內篇 7편, 외편外篇 15편, 잡편雜篇 11편 등 총 33편으로 구성되어 있다. 일반적으로 내편 7편은 장자가 직접 쓴 것으로 여겨지며, 외편과 잡편에는 장자와 그 후학들의 글이 섞여 있는 것으로 본다. 풍부한 상상력과 재미있는 우화들을 통해 인간과 세계에 대한 새로운 인식을 보여 준다.

＊ **〈지락至樂〉**: 《장자》 외편의 글. 〈지락〉 편은 득실과 생사를 초월한 최고의 즐거움에 대해 논한다.

스마트폰 열 대를 가지면 열 배로 행복할까?
– 욕망과 행복

스마트폰이 유행입니다. 중학생은 물론이고 초등학생들도 많이 사용합니다. 아마도 여러분 중에 누군가는 이미 갖고 있고, 또 누군가는 부모님에게 사 달라고 조르고 있는 중일지 모르겠군요.

부모님이 여러분에게 최신형 스마트폰을 사 주면 신이 나겠지요? 그런데 만일 부모님이 스마트폰 열 대를 사 주면 열 배로 신이 날까요? 먼저 《장자》〈외물〉* 편에 나오는 이야기 한 토막을 소개할게요.

어느 날, 찢어지게 가난한 장자가 왕에게 곡식을 빌리기 위해 길을 나섰다.

한참 길을 걷고 있는데, 누군가 장자를 불렀다. 소리가 나는 곳을 돌아보니, 수레바퀴가 지나가 움푹 파인 자리에 붕어가 한

---

* 〈**외물**外物〉: 《장자》 잡편의 글. '외물'이란 인간의 욕망의 대상이 되는 모든 물질이나 사상을 말하는 것으로, 〈외물〉 편에서는 인간이 물질에 마음을 빼앗기지 않고, 자기의 본성을 잃지 않는 무위자연의 방법으로 살아갈 것을 역설하고 있다.

마리 있었다. 장자가 물었다.

"붕어야, 무슨 일로 나를 불렀느냐?"

붕어가 대답했다.

"내가 살 수 있도록 물 한 바가지만 좀 주시오."

장자가 말했다.

"좋다. 내가 지금 왕에게 가는 길이니, 그에게 강물을 이쪽으로 흐르도록 공사를 해 달라고 부탁하마. 그러면 되겠지?"

그러자 붕어가 화를 내며 말했다.

"나는 지금 한 바가지의 물만 있으면 살 수 있소. 강물이 이쪽으로 흐를 때쯤이면, 나는 이미 건어물전에 걸려 있을 것이오."

《장자》〈외물〉

옛날의 길은 모두 흙길이었습니다. 그래서 수레가 지나다니면 수레바퀴 자국이 움푹하게 파였지요. 강이나 호수에서 살아야 할 붕어가 어쩌다 그곳에 떨어졌습니다. 한 바가지 물이 급한 상황이지요. 이런 붕어에게 언제 흘러올지도 모르는 강물은 아무리 많아야 소용이 없습니다.

스마트폰을 갖고 싶어 하는 여러분도 마찬가지죠. 여러분에게 열 대의 스마트폰은 필요 없습니다. 하나만 있으면 여러분이 스마트폰으로 하고 싶은 일을 다 할 수 있으니까요. 그래서 열 대의 스마트폰을 갖더라도 열 배로 행복하지는 않습니다.

더 많이 가지면 그만큼 더 많이 행복할 것 같은데 그렇지 않네요. 왜 그럴까요? 스마트폰은 도구이기 때문입니다. 우리가 진짜 원했던 것은 스마트폰이 아닙니다. 스마트폰을 이용해서 친구들과 대화하고 게임도 하고 싶었던 거지요. 이것이 스마트폰을 사용하는 목적입니다. 이 목적을 실현하는 데 우리는 하나의 스마트폰만 있으면 충분합니다.

스마트폰만 도구가 아니지요. 옷, 집, 음식, 자동차 등등도 모두 생활에 필요한 수단이고 도구입니다. 이러한 것들이 어느 정도 갖추어지면, 우리는 생활에서 기본적인 만족감을 얻을 수 있습니다. 아무리 부자라도 하루에 열 끼를 먹는 것은 아니니까요.

하지만 우리 인간이 그렇게 소박하지는 않지요. 가령, 여러분이 현재 일주일에 만 원의 용돈을 받는다고 해 봅시다. 그런데 다음 주부터는 일주일에 오만 원의 용돈을 받는다면 어떨까요? 만 원을 받을 때보다 몇 배는 신이 나겠지요? 그럼, 다음 주부터 백만 원의 용돈을 받는다면 또 어떨까요? 몇 십 배 더 신날까요, 아니면 조금 부담스러울까요?

용돈과 스마트폰은 모두 생활을 위한 수단이고 도구입니다. 하지만 두 가지의 성격이 다르지요. 스마트폰은 하나만 있으면 목적을 실현할 수 있지만, 용돈은 많을수록 더 많은 목적을 실현할 수 있으니까요. 그런데 너무 과분한 용돈은 또 어떤가요? 좀 부담스럽지요? 왜 그럴까요? 목적을 실현하는 데 필요한 양보다 지나치게 많기 때문이지요. 수단과 목적이 적절하게 대응되지 않은 것입니다.

우리는 보다 예쁜 옷, 보다 안락한 집, 보다 맛난 음식, 보다 많은 용돈을 통해 보다 큰 만족감을 얻을 수 있습니다. 이렇게 더 큰 만족감을 추구하는 것은 인간의 일반적인 모습이기도 합니다. 하지만 이것이 너무 지나치면, 오히려 우리 자신을 불행하게 만듭니다.

이것은 또 왜 그럴까요? 인간이 가진 욕망의 특징 때문에 그렇습니다. 욕망이란 무엇을 갖거나 또는 무엇을 하고자 간절하게 바라는 마음의 작용이라 할 수 있습니다. 이런 욕망이 있기 때문에 우리는 생존에 필요한 것을 얻기 위해 노력합니다. 욕망은 우리를 살아가게 하는 힘의 원천이지요.

하지만 욕망에는 다른 특징도 있습니다. 바로 끝없이 팽창하는 특징이지요. 옛말에 "서 있으면 앉고 싶고, 앉으면 눕고 싶고, 누우면 자고 싶다"고 했잖아요. 만일 이렇게 끊임없이 팽창하는 욕망을 만족시키려 한다면 어떻게 될까요?

우리는 더 좋고 더 많은 물건들을 필요로 하게 될 것입니다. 하지만 이런 물건들은 거저 생기는 것이 아니지요. 이것들을 사기 위해 더 많은 돈이 필요합니다. 그러면 우리는 또 더 많은 돈을 마련하기 위해 더 많은 시간 일을 하거나, 심지어 타인의 재산을 탐할 수도 있습니다.

잠깐만요, 뭔가 잘못된 거 같지 않나요? 본래 우리는 좋은 옷이나 안락한 집 등을 이용해 행복하게 살려고 했습니다. 좋은 옷과 안락한 집 등이 수단이고, 행복이 목적이었던 것이지요. 그런데 끝없이 커지는 욕망을 좇다 보니, 돈을 벌기 위해 더 많이 일하게 되었습니다. 본래 수단이었던 돈이 목적이 되어 버린 것입니다.

앞서 인용했던 아리스토텔레스의 말을 다시 떠올려 볼까요? 그는 "커다란 목적이 다른 종속적 목적보다 더욱 선택할 만한 것이다"라고 했습니다. 우리의 가장 큰 목적은 행복입니다. 뛰어난 성적이나 좋은 대학, 예쁜 옷이나 안락한 집은 모두 행복을 위한 '종속적 목적', 즉 수단이지요.

어떤 목적에 도달하기 위해 적절한 수단을 선택하는 것은 중요합니다. 하지만 수단을 목적으로 착각하고 그것만 좇다 보면, '더욱 선택할 만한' 큰 목적을 잊어버리고 맙니다. 사실상 자신이 수단의 노예가 되는 것입니다. 그 수단이 안락한 집이면 집의 노예가 되고, 성적이면 성적의 노예가 되고, 돈이면 돈의 노예가 되겠지요.

우리가 이렇게 수단의 노예가 되는 이유는 바로 욕망의 팽창성 때문입니다. 고대 중국의 철학자 노자*가 이 문제를 지적했습니다.

> 잘못은 지나친 욕망이 가장 크고,
>
> 허물은 얻으려고 애쓰는 것이 가장 크며,
>
> 재앙은 만족을 모르는 것이 가장 크다.
>
> 그러므로 만족함을 아는 그러한 만족은 항상 만족스럽다.
>
> 《도덕경》* 46장

---

* **노자老子(?~?)**: 중국 도가 철학의 창시자. 사마천司馬遷의 《사기史記》에 따르면, 노자는 주周나라 천자의 도서관에 해당하는 수장실守藏室을 관리하는 일을 맡았다고 한다. 후에 주나라가 쇠락하는 것을 보고 서쪽으로 떠났다고 하는데, 그가 어떻게 여생을 보냈는지 아무도 알지 못한다. 노자는 이 세계가 스스로 조화와 균형을 유지하고 있다고 보았으며, 이를 근거로 당시의 군주들에게 무위無爲의 정치를 실행하라고 권고하였다. 그의 철학은 이후 장자 등 여러 도가 철학자들에게 많은 영향을 주었다.

* **《도덕경道德經》**: 노자의 저작으로 《노자》라고도 불린다. 전체 81장으로 구성되어 있는데, 1장부터 37장까지는 '도경道經'이라 하고, 38장부터 81장까지는 '덕경德經'이라 한다. 《도덕경》은 도道와 덕德에 대한 철학적 사유를 담고 있는 책이라는 뜻이다. '도道', '현덕玄德', '유무상생有無相生', '무위無爲', '자연自然' 등 도가 철학의 핵심적 사유가 소개되어 있으며, 이후 도교道敎의 중요한 경전으로 받들어진다.

노자의 말은 욕망을 버리라는 뜻이 아닙니다. 행복하게 살고 싶은 것도 우리의 욕망인데 그것을 버리면 살 수 없지요. 노자의 말은 지나치게 얻으려고만 애쓰는 것, 즉 만족을 모르는 욕망의 노예가 되지 말라는 뜻입니다. 다시 말해서, 적절한 수준에서 욕망을 조절하고, 또 만족할 줄 알라는 의미지요.

욕망을 조절할 줄 아는 사람은 자신의 큰 목적이 무엇인지 잊지 않습니다. 그래서 수단을 적절히 이용할 줄 알고, 또 어떤 특정한 수단에만 얽매이지도 않습니다. 그런 사람은 행복을 향해 나아가는 다양한 수단을 찾을 수 있고, 그 과정에서 항상 만족할 줄 압니다.

새는 나뭇가지 하나만 있으면 충분히 자신의 안락한 집을 지을 수 있습니다. 토끼는 샘물 한 모금만 있으면 충분히 목을 축일 수 있습니다. 사자는 배가 부르면 더 이상 사냥하지 않습니다. 동물들은 자신이 필요한 만큼만 가질 줄 압니다.

물론 우리 인간은 동물과 달리 먹고사는 것에만 만족하지 않습니다. 인간은 다양한 문화를 창조하고 또 그 안에서 삶을 누릴 줄 압니다. 하지만 욕망을 조절하지 못하면, 수단을 목적으로 착각하고 그것의 노예가 됩니다. 그럴수록 몸은 힘들고 마음은 지치게 됩니다. 당연히 행복할 수도 없습니다.

너, 지금 행복하니?- 지금의 행복

다시 장자의 붕어 이야기로 돌아가 볼까요? 우리는 지금까지 한 바가지 물과 거대한 강물이란 비유를 통해 행복을 이야기했습니다. 그런데 장자의 붕어 이야기에는 행복과 관련된 또 다른 중요한 메시지가 있습니다. 다시 한 번 붕어 이야기를 읽어 보기 바랍니다.

붕어가 원하는 물 한 바가지는 '지금' 당장 필요한 것입니다. '어제' 내렸던 비는 이미 증발하고 없습니다. 설사 '내일' 붕어가 있는 곳으로 강물이 흐른다고 해도 붕어는 '오늘' 말라 죽을 것입니다. 붕어에게는 지금 물 한 바가지가 필요한 것이지요.

우리가 느끼는 행복도 마찬가지입니다. 행복이라는 느낌은 '지금, 여기서' 자신이 원하는 것들이 충족될 때 느낄 수 있는 것이니까요.

예를 들어, 철수는 초등학교 때까지 성적이 아주 좋았습니다. 그런데 중학교에 들어와서 무슨 이유인지 자꾸 성적이 떨어집니다. 철수는 '아, 예전에는 성적이 좋았는데……'라고 하며, 과거의 행복했던 추억을 떠올릴 수 있습니다.

과거의 행복했던 추억을 떠올린다고 해서 지금 철수가 행복할 수 있을까요? 과거의 추억이 지금의 철수에게 위안은 줄 수 있습니다. 하지만 지금의 철수를 행복하게 하지는 못합니다.

그럼 미래에 대한 약속은 어떨까요? 미래의 약속에는 여러 종류가 있습니다.

첫째는 술주정뱅이가 하는 약속입니다. 주정뱅이가 말합니다. "오늘만 마시고 내일은 마시지 않겠다." 이 약속은 지켜질 수 있을까요? 지켜질 수도 있겠지요. 하지만 내일 그가 정말 술을 끊는다는 보장은 없습니다. 내일이 되면, 그는 또 "오늘만 마시고 내일은 마시지 않겠다"고 하겠지요. 이런 거짓된 약속은 자신을 행복하게 할 수 없습니다. 현재의 자신으로부터 도피하려는 핑계일 뿐입니다.

둘째는 헛된 희망입니다. 우리는 흔히 이런 말을 듣습니다. "힘들어도 지금 열심히 노력해야 나중에 행복할 수 있다." 사실 이 말은 주정뱅이의 말을 거꾸로 한 것입니다. 오늘은 마시고 내일은 마시지 않겠다는 주정뱅이의 거짓된 약속은 사실상 오늘은 놀고 내일은 노력하겠다는 말이니까요.

그런데 두 번째 말은 오늘 고생해야 내일 행복할 수 있다고 합니다. 헛된 희망을 강요하는 것이지요. 그러나 내일이 되면 어떻겠어요? 또 내일의 행복을 위해 오늘 힘들게 고생해야겠지요. 이것은 현재의 우리를 속이는 것입니다.

우리는 과거에 살 수 없듯이 미래에도 살 수 없습니다. 우리는 지금 여기에서만 살 수 있습니다. 혹시 여러분이 지금 너무 힘들고 고통스럽다면, 가족이나 친구 등 주변 사람들에게 힘들다고 이야기해 보세요. 그리고 함께 원인을 찾아보고, 스스로 지금 여기에서 행복할 수 있는 방법도 찾아보세요.

그렇게 찾다 보면, 우리는 세 번째 미래의 약속을 만날 수 있습니다. 바로 진정한 희망입니다. 가짜 희망은 누군가 우리에게 알려 줬거나 강요한 희망입니다. 그래서 가짜 희망은 지금 겪고 있는 고통을 억지로 참게 합니다. 그러나 진정한 희망은 스스로 찾은 희망입니다. 그래서 진정한 희망은 지금의 고통을 이겨 낼 수 있는 용기를 줍니다.

그렇다면 각자 자신에게 맞는 희망과 행복의 길을 찾아볼 필요가 있지 않을까요?

행복, 어디에 숨어 있나? - 노력과 행복

행복은 누군가 우리에게 줄 수 있는 것이 아닙니다. 그것은 우리 스스로 발견하고 또 만들어 나가는 것입니다. 행복을 스스로 발견하고 만들어 나가는 것, 어떻게 보면 아주 쉽고 어떻게 보면 아주 어렵습니다.

그것이 쉬운 이유는 행복이 '지금, 여기서' 즉 여러분의 일상생활에서 느끼고 실현하는 것이기 때문입니다. 행복은 어디 멀리 있는 것이 아니라 바로 자신의 주변에 있습니다. 그것이 어려운 이유는 자기 자신에 대한 이해를 필요로 하기 때문입니다. 자기를 잘 이해하는 것이 생각만큼 쉽지만은 않습니다. 이제 이 이야기를 하려 합니다.

아리스토텔레스는 인간에게 고유한 능력이 있다고 생각했습니다. 말은 들판을 잘 달리는 고유한 능력이 있고, 물고기는 헤엄을 잘 치는 고유한 능력이 있는 것처럼 말입니다. 그의 이야기를 들어 봅시다.

> 돌은 본성적으로 아래로 움직이도록 되어 있기 때문에, 아무리 천만번 던져 올려 위로 움직이도록 하려 해도 그렇게 습관을 들일 수 없다. 마찬가지로 불을 아래로 움직이게끔 습관을 들일 수 없으며, 그 어떤 것도 그 본성과 다르게 습관을 들일 수 없다. …… 본성적으로 갖고 있는 것은 습관을 통해 완성된다.
>
> 《니코마코스 윤리학》 제2권, 1장 2~3절

여기에는 두 가지 내용이 담겨 있습니다. 하나는 '본성'과 관련된 것이고, 다른 하나는 '습관'과 관련된 것입니다.

먼저, 본성이란 우리가 태어나면서부터 갖고 있는 능력이나 성질을 뜻합니다. 돌은 아래로 떨어지는 성질을 갖고 있고, 불은 위로 타오르는 성질을 갖고 있습니다. 말은 잘 달리는 능력을 갖고 있고, 물고기는 헤엄을 잘 치는 능력을 갖고 있습니다. 아리스토텔레스에 따르면, 인간은 '생각하는 능력'을 갖고 있지요. 이 능력 때문에 인간은 돌이나 불, 말이나 물고기와 구별됩니다.

만일 이 본성을 잘못 파악하면 어떻게 될까요? 가령, 돌의 본성을 이해하지 못한 사람은 억지로 돌을 위로 움직이게 하려 할지 모릅니다. 물고기의 본성을 이해하지 못한 사람은 물고기에게 들판을 달리라고 할지도 모릅니다. 너무나 어리석은 일이겠지요?

마찬가지로 우리가 자신의 본성을 이해하지 못하면 어떻게 될까요? 아리스토텔레스의 말처럼 우리 인간은 생각하는 능력을 갖고 있습니다. 이것은 모든 인간의 공통점이지요. 하지만 우리 각자는 또 자신만의 고유한 능력과 소질을 갖고 있습니다. 이런 자신만의 능력과 소질 때문에 우리는 다른 사람들과 구별됩니다.

자신만의 능력과 소질을 알지 못하면, 물고기에게 들판을 달리게 하는 것과 같은 잘못을 저지를 수 있습니다. 그럼 물고기는 행복할 수 없겠지요. 마찬가지로 운동을 좋아하는 철수가 억지로 공부를 하면, 철수는 행복할 수 없습니다. 자신이 좋아하고 잘할 수 있는 것을 하지 못하기 때문이지요.

여러분은 자신이 무엇을 좋아하는지, 무엇을 잘할 수 있는지 알고 있나요? 그것을 찾아내기가 그렇게 쉽지는 않지요? 왜냐하면 그것은 마치 씨앗처럼 아직 싹이 트지 않았고, 꽃도 피우지 않았기 때문입니다. 그것은 우리 각자에게 가능성으로만 있을 뿐입니다. 그래서 눈에 잘 뜨이지 않고 발견하기도 어렵습니다.

혹시 여러분이 아직 자신의 씨앗을 발견하지 못했다면, 각자 자신의 마음속으로 여행을 떠나 보길 바랍니다. 마음을 백 층짜리 빌딩이라고 상상해 보세요. 그 안에 수많은 방들이 있습니다. 그 방의 문을 하나하나 열어 보세요.

무엇이 있나요? 엄마가 끓여 준 된장찌개를 먹던 기억도 있고, 친구들과 다툰 기억도 있지요? 계속해서 마음속 방들의 문을 열어 보세요. 무엇을 좋아하나요? 무엇을 싫어하나요? 어떤 것을 할 때 즐겁고, 어떤 것을 할 때 지루한가요? 어떤 일을 해 보고 싶은가요? …….

어때요? 마음속에 셀 수 없이 많은 것들이 있지요? 그것들 사이에 여러분 각자의 씨앗이 있습니다. 그것은 누구도 대신 찾아 줄 수 없습니다. 왜냐하면 여러분 마음속에는 여러분 자신만 들어갈 수 있기 때문입니다.

또한 여러분의 씨앗을 단번에 찾을 수도 없을 것입니다. 그러니 너무 조급해하지 말고, 자주 마음속에 들어가서 여기저기 돌아다녀 보기 바랍니다. 그러다 보면, 여러분이 씨앗을 찾을 준비가 된 어느 날 딱 마주치게 될 것입니다.

이제, 습관에 대해 이야기해 볼까요? 아리스토텔레스는 "본성적으로 갖고 있는 것은 습관을 통해 완성된다"고 했습니다. '본성적으로 갖고 있는 것'은 앞에서 말한 씨앗을 뜻합니다. 조금 어렵지요? 예를 들어 볼게요.

가령, 영희에게 해바라기 씨앗이 하나 있다고 해 볼까요? 영희는 해바라기 씨앗을 양지바른 곳에 심었습니다. 그리고 매일매일 해바라기 씨앗을 돌봤습니다. 물도 주고 햇볕도 쪼여 주고 거름도 주었습니다. 똑같은 일을 계속해서 했습니다.

그렇게 몇 개월이 지난 뒤 어떻게 되었을까요? 해바라기 씨앗은 멋진 해바라기 꽃을 피우고 많은 열매도 맺었겠지요? 영희가 해바라기를 키우기 위해 기울인 노력이 드디어 결실을 맺은 것입니다.

아리스토텔레스가 말한 습관은 바로 이런 노력을 의미합니다. 이런 노력은 어느 날 한 번만 하고 마는 것이 아닙니다. 매일매일 오랫동안 되풀이해서 하는 것입니다. 그래서 아리스토텔레스는 노력이라는 단어를 쓰지 않고 습관이라는 단어를 쓴 것입니다.

습관은 우리 각자의 일상생활에서 형성되는 것이지요. 그리고 그것은 한 번에 형성되는 것이 아닙니다. 지속적인 노력이 필요합니다. 하지만 지속적으로 노력하려면 자신이 좋아하는 것을 해야 합니다. 그래서 자신의 씨앗을 발견하는 것이 다시 중요해집니다.

자신이 좋아하는 것, 자신이 잘하는 것을 발견했다면, 이제 습관을 통해 그것을 완성시키려 노력해 보세요. 처음에는 당연히 어려울 겁니다. 그래도 조금 견딜 필요가 있습니다. 그렇게 견디며 열심히 했는데도 재미가 없다면 포기해도 됩니다. 여러분이 좋아하는 것은 한 가지가 아니잖아요? 또 다른 것들도 시도해 보세요. 그렇게 여러 가지를 시도하다 보면, 정말 자신이 좋아하고 잘하는 것을 찾을 수 있습니다.

여러분은 무엇이든 될 수 있는 씨앗을 가지고 있습니다. 만일 자신의 씨앗을 찾아서 여행을 하고 있다면, 여러분은 이미 행복한 사람입니다. 만일 매일매일 그 씨앗을 키우고 있다면, 여러분은 이미 행복한 사람입니다. 만일 조금씩 더 잘하게 된다면, 여러분은 이미 행복한 사람입니다. 여러분은 이미 스스로 행복을 발견하고 만들어 나가고 있는 것입니다.

행복은 어디에 숨어 있는 것이 아닙니다. 여러분 자신에게, 여러분의 일상생활에 있습니다.

나 혼자서 행복할 수 있을까?- 관계와 행복

우리는 스스로 자신의 행복을 발견하고 만들어 나갈 수 있습니다. 또 행복할 권리도 갖고 있습니다. 하지만 개인의 노력만으로 행복하게 살 수는 없는 것 같습니다. 왜 그럴까요?

여러분 맹모삼천지교*라는 이야기를 아나요? 지금으로부터 약 2,300년쯤 전에 살았던 맹자*라는 철학자의 어머니에 관한 이야기입니다.

옛날 맹자가 어렸을 때 아버지께서 일찍 돌아가셨지만 어머니 장씨는 재혼을 하지 않았다. 이들의 집은 공동묘지 근처에 있었는데, 어린 맹자는 장례 지내는 모습, 곡하는 모습 등을 흉내 내며 놀았다. 맹자의 어머니는 "이곳은 아이를 키울 곳이 못 된다"며 시장 근처로 이사했다.

어린 맹자는 이번에는 장사꾼이나 도살꾼들의 일을 흉내 내며 놀았다. 맹자의 어머니는 "이곳 역시 아이를 키울 곳이 못 된다"며 다시 서원 근처로 이사했다.

＊맹모삼천지교孟母三遷之敎: 맹자의 어머니가 세 번 이사하면서 맹자를 교육하다.

서원에서는 매월 초에 사람들이 사당에서 제사를 지냈으며, 서로 예의를 갖춰 대하였다. 어린 맹자는 그것을 보고 일일이 흉내 내며 기억하였다. 맹자의 어머니는 "이곳이야말로 아이를 기를 만하다"며 마침내 그곳에 머물렀다.

유향*, 《열녀전》*

여러분은 어린 맹자의 어머니가 왜 세 번이나 이사를 했는지 이미 알겠지요? 어린 맹자가 자라는 데 주위 환경이 중요했기 때문입니다. 이런 어머니의 보살핌과 좋은 환경의 영향을 받고 자란 맹자는 위대한 철학자가 되었습니다. 맹자 역시 아리스토텔레스처럼 인간에게 좋은 씨앗이 있다고 생각한 사람이었습니다. 하지만 그 좋은 씨앗을 잘 자라게 하기 위해서는 주변의 보살핌이 중요하다고 생각했습니다. 아마도 어릴 때의 기억이 그의 철학에 영향을 준 것 같습니다. 이제 맹자가 들려주는 이야기를 들어 볼까요.

---

* **맹자孟子**(B.C.372?~B.C.289?): 중국 전국 시대의 유가 철학자. 성은 맹孟이고, 이름은 가軻이며, 추鄒나라 사람이다. 공자孔子의 손자인 자사子思에게서 공부한 것으로 전해지며, 공자 다음으로 뛰어난 성인이라는 뜻으로 '아성亞聖'이라 불린다. 그는 모든 인간이 본래 선한 본성을 갖고 태어난다는 성선론性善論을 주장하였다. 또한 이를 근거로 군주에게 사랑의 정치인 인정仁政을 실행하라고 요구하였다. 이후 맹자의 철학은 송대宋代의 주자학朱子學과 명대明代의 양명학陽明學에 많은 영향을 미쳤다.

우산牛山의 나무가 예전에는 무성했지만, 큰 나라의 교외에 있기 때문에 사람들이 도끼로 베어 가니 무성할 수 있겠는가? 밤낮으로 자라나고 비와 이슬이 적셔 주어 싹이 돋아나지만, 소와 양을 놓아먹이니 저렇게 민둥산이 된 것이다. 사람들은 민둥산의 모습만을 보고서 본래 나무가 없었다고 생각하지만, 그것이 어찌 그 산의 본모습이겠는가?

《맹자》*〈고자상〉

우산은 풀과 나무가 무성한 산이 되고 싶었습니다. 그래서 밤낮으로 풀과 나무를 자라나게 하려고 많은 노력을 했습니다. 하지만 지금은 벌거숭이 민둥산이 되고 말았습니다. 우산의 노력이 부족했기 때문일까요? 아니지요. 우산에게 부족했던 것은 주변 사람들의 보살핌이었습니다. 그래서 맹자는 이렇게 말합니다.

---

* 유향劉向(B.C.77~A.D.6): 서한 시기의 유학자로서 역사, 문학, 고문헌 등에 뛰어났다. 춘추 전국 시대에 유행했던 고문헌, 제자백가諸子百家의 저서 등은 서한 시기에 이르러 제대로 전해지지 않았다. 이에 유향은 서한 이전의 고문헌, 제자백가의 저서, 역사적 사건들을 정리하여 편찬하였다. 현재 전해지는 중국 고대의 문헌은 대부분 그의 손을 거쳤다고 할 수 있다. 그의 저서로 《별록別錄》, 《설원說苑》, 《신서新序》, 《전국책戰國策》, 《열녀전》 등이 있다.

* 《열녀전列女傳》: 외척의 영향력이 매우 강했던 서한西漢 시기에 유향은 황후와 외척 등 황제의 주변 사람들부터 바르게 교육해야 한다고 생각했다. 이에 유향은 유가의 덕목에 기초하여 105명의 모범이 될 만한 여성에 관한 이야기를 기록하였다.

> 보살핌을 받으면 누구나 잘 자라지만, 보살핌을 받지 못하면 누구라도 쇠약해진다.
>
> 《맹자》〈고자상〉

행복하게 살기 위해 개인의 노력은 아주 중요합니다. 하지만 우리는 혼자 살 수 없습니다. 사람들과 어울리고 관계를 형성하며 살아갑니다. 그래서 행복은 개인만의 문제가 아닙니다. 주변의 도움과 보살핌도 아주 중요합니다.

여러분은 자신이 주변의 보살핌을 받고 있다고 느끼나요? 가장 먼저 떠오르는 사람은 부모님을 비롯한 가족과 친척들이지요. 그리고 또 누가 떠오르나요? 여러 선생님들, 친구들, 이웃 사람들, 경찰, 환경미화원 등도 떠오르나요? 여러분에게 먹을거리를 제공해 주는 농민, 생활에 필요한 물건들을 만드는 노동자 등도 떠오르나요?

---

* **《맹자孟子》**: 맹자의 사상과 활동이 기록된 책이다. 〈양혜왕梁惠王〉, 〈공손추公孫丑〉, 〈등문공滕文公〉, 〈이루離婁〉, 〈만장萬章〉, 〈고자告子〉, 〈진심盡心〉 등 7편으로 구성되어 있으나, 각 편은 다시 상하로 나뉘기 때문에 현재는 14편이다. 맹자는 매우 활발하게 철학적 논쟁에 참여했던 인물이다. 《맹자》에는 맹자와 다른 사상가들이 펼쳤던 논쟁이 기록되어 있기 때문에, 맹자의 철학뿐만 아니라 당시 다른 사상가들의 주장도 살펴볼 수 있다.

이런 모든 사람들이 사회를 이루고 서로 도우며 살아갑니다. 하지만 우리의 일상생활에서 이런 관계들은 눈에 잘 보이지 않습니다. 만일 여러분이 눈에 잘 보이지 않는 보살핌에 감사할 줄 안다면, 여러분은 보다 따뜻한 행복을 느낄 수 있을 것입니다.

자, 이제 우리 거꾸로 생각을 해 보면 어떨까요? 우리가 보살핌을 받기만 하면 어떨까요? 우리가 보살핌을 받기만 하면, 우리의 가족, 친구들, 이웃들은 누가 보살펴 주나요? 우리가 돕지 않아도 다른 누군가가 도울 거라고 생각할 수도 있습니다.

그럼 이런 경우도 생각해 봐야겠군요. 주변 사람들이 보살핌을 받지 못해 불행하게 산다면, 우리는 혼자 행복할 수 있을까요? 예를 들어 자신은 건강하더라도 가족 중에 누군가 아프다면 행복할 수 없습니다. 친한 친구가 어려움에 빠져 있으면, 역시 걱정하게 될 것입니다.

이야기를 사회로 조금 넓혀 볼게요. 여러분은 버스나 지하철에서 노약자에게 자리를 잘 양보하는 편인가요? 가령, '가'라는 사회에서는 모든 사람들이 자리를 잘 양보합니다. 그런데 '나'라는 사회에서는 다른 누군가가 자리를 양보하길 바라며 자신은 양보하지 않습니다. 여러분은 '가'와 '나' 중 어떤 사회에서 살고 싶은가요? '가'와 '나' 중 어떤 사회에 살 때 우리는 보다 행복할 수 있을까요?

우리 주변에는 여러 가지 이유로 어렵게 살아가는 사람들이 많습니다. 그들이 우리의 가족이나 친구가 아니라고 해서 도와주지 않는다면, 그들은 홀로 불행하게 살아갈 것입니다. 그렇다면 그들을 보살피지 않는 사회에서 홀로 행복하게 살 수 있을까요?

행복이란 참 묘한 것입니다. 혼자만 불행할 수는 있습니다. 그러나 혼자서 행복할 수는 없습니다. 여러분이 보살핌이 필요하듯이 여러분 가족과 이웃도 따뜻한 보살핌이 필요합니다. 서로 보살필 줄 아는 사회에서 우리는 비로소 행복할 수 있습니다.

행복은…

많은 사람들이 사회를 이루고 서로 도우며 살아갑니다. 하지만 일상생활에서 이런 관계들은 눈에 잘 보이지 않습니다. 이처럼 눈에 잘 보이지 않는 보살핌에 감사할 줄 안다면 우리는 보다 따뜻한 행복을 느낄 수 있을 것입니다.

자유

너, 지금 자유롭니?

김재익

노자

'자유'라는 단어 앞에서는 누구나 즐거운 상상을 하게 됩니다. 누구나 이 단어가 의미하는 바를 알기 때문이지요. 그러나 한 번쯤은 정반대로 이와 같은 생각을 하지 않았을까요? '나는 지금 노예의 삶을 살고 있지 않은가?'라고 말이지요.

흔히 '노예奴隸'라는 것은 인간으로서 기본적인 권리나 자유를 빼앗긴 사람을 지칭합니다. 그래서 노예의 삶은 자신들을 지배하는 주인에 의해 속박받게 됩니다. 사회적으로 이 '노예'는 역사 속에서나 찾을 수 있는 과거의 것입니다. 그러나 현대를 사는 지금의 우리가 과거의 일을 언급하는 것은 이 노예가 주는 의미 때문입니다. 그리고 이를 통해서 우리가 살펴볼 자유의 의미를 더욱 분명하게 보여 줄 수 있기 때문입니다.

노예의 삶

　누구나 인생이라는 긴 여정에 어떤 목표들을 가지고 살아갑니다. 그리고 그 목표를 쟁취하기 위해서 열심히 달려가지요. 하지만 간혹 그 어떤 목표를 이루려는 생각이 너무도 앞서서 그 목표를 제외한 나머지 것들은 중요하지 않은 것으로 생각해 버리기도 합니다. 그래서 그것들을 나중에 해도 될 것으로 여기거나 쓸데없는 것으로 여기기도 하는 것이지요. 이런 생각이 지속되고 더욱더 강화되다 보면, 그 목표는 하나의 절대적인 것으로 되어 버립니다. 그리고 그 목표를 달성하는 것만이 자신의 삶을 완성하는 길이라고 굳게 믿게 되지요. 여기서 우리는 노예를 만나게 됩니다. 그 노예는 바로 그 목표의 노예입니다. 인간으로서의 삶이 아니라 목표를 위한 인간의 삶인 것이지요.

　비유를 들어 다시 생각해 봅시다. 영화 〈반지의 제왕〉에 나오는 '골룸'이 제격인 듯합니다. 골룸에게 지상 최대의 목적은 '절대반지'를 얻는 것입니다. 그에게 절대반지는 모든 것을 가능하게 해 주는 것입니다. 이 때문에 그는 그 절대반지를 얻기 위해 수단과 방법을 가리지 않습니다. 따라서 골룸에게 절대반지는 그 삶의 목적(목표)이자 삶의 이유입니다. 그러나 그에게 절대반지를 얻어야 한다는 목적은 그가 태어나면서부터 부여받은 것이 아닙니다. 그가 스미골이었던 시절에 우연한 기회로 장난하며 얻고자 했던 '금반지'라는 그 목표는 어느새 반드시 싸워서라도 얻어야만 하는 절대반지가 되어 버렸습니다. 이러한 그의 마음은 오로지 그 절대반지를 얻겠다는 생각이 가득하여 친구를 이해하거나 다른 사람의 마음을 살필 여유를 찾아보기가 힘듭니다. 왜냐하면, 반드시 다른 사람과 싸워서라도 얻어야 하는 것이기 때문입니다. 그렇기 때문에 골룸은 친구 하나 없는 외톨이입니다. 그의 마음은 조금의 여유도 없기 때문에 다른 사람을 받아들일 만한 마음의 공간이 없습니다. 그에게 다른 사람은 중요하지 않은 것이고, 절대반지를 얻고 나서도 충분히 얻을 수 있는 것들이기 때문이지요. 물론 절대반지를 얻기 위한 자신의 목적을 이루기 위해서 수단으로서 친구를 얻을 수도 있을 것입니다. 그러나 마음을 나누는 진정한 친구는 아닙니다. 이렇듯 골룸에게 절대반지라는 삶의 목적은 어느새 자신을 지배해 버렸고, 자신이 스미골이었다는 것도 삼켜 버렸습니다. 골룸은 예전의 스미골이 아니라 절대반지를 얻고자 하는 노예가 되어 버린 것입니다. 이러한 골룸의 삶이 바로 노예의 삶인 것입니다.

누구나 추구하는 하나의 목표가 하나의 절대적인 위치의 것으로 놓이고, 그 목표에 다다르는 것만이 삶의 전부인 듯 여깁니다. 골룸의 경우처럼, 그 과정 속에서 마음의 여유는 사라지고, 그 목표에 도달하기 위한 이해타산만으로 삶의 모든 것을 판단하게 됩니다. 따라서 자신의 삶의 주인으로서 하나의 목표를 얻고자 하는 것이 아니라 그 목표를 얻기 위한 삶을 살게 되므로 삶의 주인은 그 목표가 되어 버립니다. 삶의 주인이 자신이 아니기에 그의 삶은 바로 노예의 삶이나 다름없게 되어 버리는 것입니다.

보다 구체적인 사례를 생각해 봅시다. 우리 삶에서 가장 중요한 기본적인 세 가지 요건을 꼽자면, 의식주衣食住가 있습니다. 입는 것, 먹는 것, 생활하는 곳이지요. 이 의식주를 얻기 위해서는 '돈'이 필요합니다. 그 돈을 얼마나 많이 버느냐에 따라 더 좋은 것을 선택할 수 있는 범위가 달라지기도 합니다. 그러나 어느 정도의 수준을 넘어서게 되면 우리는 일종의 노예가 되어 버리고 맙니다. 기본적으로 윤택한 생활을 영위하기 위해서 수단으로 얻으려고 했던 돈이 어느 순간 목적이 되어 버리기 때문입니다. '어느 정도'라는 것은 사람마다 만족하는 수준이 다를 것입니다. 하지만 그 수단이 목적이 되는 순간 우리는 자연스럽게 수단의 노예가 되어 버립니다. 여러분은 지금 노예의 삶을 살고 있는 것은 아닌가요?

똑똑한 사람을 높이지 않아야 백성들이 다투지 않게 된다.
얻기 어려운 재화를 귀하게 여기지 않아야

백성들이 도적이 되지 않는다.

욕심낼 만한 것들을 보이지 않아야

백성들의 마음이 혼란스러워지지 않는다.

그래서 성인聖人이 하는 정치는 그 마음은 텅 비우게 하고,

그 배를 채워 주며, 그 의지는 유약하게 해 주고,

그 뼈대를 강하게 한다.

《도덕경》* 3장

노자는 "얻기 어려운 재화를 귀하게 여기지 않고, 사람들이 욕심낼 만한 것을 보이지 않게 해야 한다"고 말하고 있습니다. 노자는 '얻기 어려운 재화'나 '사람들이 욕심낼 만한 것'들은 모두 사회가 만들어 낸 허상의 가공물이라고 보았습니다. 그래서 우리는 사회의 구성원으로서 그 가공물에 의해 제약을 받게 되고, 결국 그것은 우리를 억압하게 된다는 것입니다. '다이아몬드'를 예로

* 《도덕경》: 노자가 활동했던 춘추 전국 시대는 사회를 유지하던 기존의 질서 체계가 무너지던 상황이었다. 이것을 이른바 '천하무도天下無道'라고 하는데, 이런 상황에서 노자의 《도덕경》은 인간 사회의 새로운 질서에 대한 논의를 담고 있다. 그 핵심 내용은 인간 사회를 하나의 체계로 집중하고 통일시키려는 인위적인 통치 방식을 반대하고, 다양성이 공존하는 사회를 위한 통치 방식을 주장하는 것이다. 이런 점에서 《도덕경》은 다양한 문화가 공존하는 현대의 우리에게 의미가 있다.

들 수 있을 것 같습니다. 우리가 태어나기도 전부터 다이아몬드는 얻기 어려운 것일 뿐만 아니라 사람들이 욕심내는 것이었습니다. 그리고 그것은 '다이아몬드 반지'를 꼈는지, 아닌지로 구분되는 잣대가 되며, 그러는 동시에 있는 자와 없는 자의 우열愚劣로까지 이르게 됩니다. 노자는 이러한 것을 보이지 않는 폭력이라고 보았습니다. 그래서 사람들에게 각자 자신의 내면의 가치를 바라보라고 주장했지요. "배를 채워 주고", "뼈대를 강하게"라는 은유적 표현이 바로 그것입니다. 그렇다면 여기서 노자는 왜 "똑똑한 사람을 높이지 않아야" 한다고 했을까요?

노예의 사슬을 끊고 자신의 삶의 주인으로 당당히 살아가고자 한다면, 우리는 '용기'라는 덕목을 마주해야만 합니다. 거창하게 '용기'라고는 했지만, 사실 자신의 목소리를 내는 것을 말합니다. 어떤 초등학교 저학년 어린이의 그림을 보았습니다. 그런데 그 어린이는 하늘을, 우리가 흔히 아는 '파란색' 계통의 색이 아니라 '핑크색'으로 칠했더군요. 그 어린이가 하늘을 그렇게 색칠한 이유는 저녁노을을 그린 것이기 때문이라는 사실은 나중에 알게 되었습니다. 문뜩 하늘은 하늘색으로만 칠해야 한다는 생각이 은연중에 제 마음속에 자리 잡고 있다는 사실을 알게 된 순간이었습니다. 그 어린이가 핑크색 하늘을 그린 것처럼, 자신이 보고 느낀 것을 그대로 표현하기 위해서는 주위의 친구들이나 다른 사람들과 다르다는 것을 보여 주는 용기가 필요합니다. 그리고 이러한 용기를 내는 것으로부터 자신의 삶의 목표나 목적들이 진정으로 자신이 설정한 것인지 성찰하는 계기가 됩니다.

여러분은 이렇듯 사물을 있는 그대로 바라보고, 용기를 내어 자신만의 이야기로 자신의 삶을 장식해 나갈 수 있습니다. 그야 말로 자신의 역사를 쓰는 것이라고 할 수 있습니다. 이런 삶이야 말로 노예의 사슬을 끊고 자신의 삶을 살아가는 것이 아닐까요?

세상 사람들이 모두 아름답다고 하는 것을
아름다운 것으로 안다면 이것은 추하다.

세상 사람들이 모두 좋다고 하는 것을 좋은 것으로 안다면
이것은 좋지 않다.

유有와 무無는 서로 살게 해 주고
어려움과 쉬움은 서로 이뤄 주며
길고 짧음은 서로 비교하고
높음과 낮음은 서로 기울며
음音과 성聲은 서로 조화를 이루고
앞과 뒤는 서로 앞서고 따르니

이것이 세계의 항상 있는 그대로의 모습이다.

……

만물이 잘 자라는 것을 보고

그것을 자신이 시작하도록 했다고 하지 않고,

잘 살게 해 주고도

그것을 자신의 소유로 하지 않으며,

무엇을 하되

그것을 자신의 뜻대로 하려 하지 않는다.

《도덕경》 2장

자유, 자기로부터 비롯되다

자유로운 사람! 그 사람은 자신의 삶을 자신이 만들어 나가는 사람입니다. 남이 만들어 놓은 이상을 맹목적으로 좇지 않습니다. 그렇다고 자신의 주관이나 원칙 없이 덮어놓고 행동하는 것도 아닙니다. 그 사람은 자신의 내면의 목소리에 기울여 행동하고 자신의 길을 찾아 나가는 사람입니다. 이러한 사람은 자기 자신을 사랑합니다. 그리고 자신을 믿습니다. 이것이 자유로운 사람의 출발입니다.

다섯 가지로 구분된 색깔은 사람의 눈을 멀게 하고,
다섯 가지로 구분된 소리는 사람의 귀를 먹게 하며,
다섯 가지로 구분된 맛은 사람의 입맛을 잃게 한다.
말을 달리며 즐기는 사냥이 사람의 마음을 미치게 하고,
얻기 어려운 재화가 사람의 행동을 어지럽힌다.

이리하여 성인은 배를 위하지 눈을 위하지는 않는다.
그러므로 저것을 버리고 이것을 취한다.

《도덕경》 12장

여기서 우리에게 통찰을 주는 점은 자신의 내면에 집중하는 것
이지요. 형식화된 색에 구애받지 않고, 자신의 감각대로 보고, 듣
고, 느끼라는 말입니다. 이는 앞에서도 언급하였듯이 자신에 대
한 믿음과 사랑에서 출발합니다.

자신에 대한 믿음과 사랑을 가진 사람은 간혹 이기주의적인 사
람으로 오해받을 수 있습니다. 자신에 대한 올곧은 신념으로 행
동하는 것이 자유라고 생각하기 때문이지요. 자유의 시작은 분
명 자신에 대한 믿음과 사랑에서 출발하는 것은 맞지만, 그것이

전부는 아닙니다. 왜냐하면 자신의 행위에 대해서 부끄럽지 않아야 하기 때문입니다. 다시 말해 자신이 한 어떤 행위에 대해서 스스로 부끄럽지 않아야만 자유로워질 수 있다는 뜻입니다. 이것은 우리가 자유를 말하는 이유에 대해서 생각해 보면 더 명확하게 드러납니다.

'자유'라는 말에는 우리가 자유롭지 않은 상태라는 것이 전제되어 있습니다. 사람들은 왜 '자유'를 말할까요? 자유롭지 않은 상태에 있기 때문이지요. 마치 백인이나 흑인이라는 말에는 인류가 단 하나의 피부가 아니라는 것이 전제되어 있는 것처럼 말입니다. 또한 우리는 이 세상에 홀로 생겨나지 않았고, 홀로 살고 있지 않습니다. 다시 말해 우리는 어느 부모의 한 자식이고, 어느 사회의 한 구성원이며, 어느 국가의 한 국민입니다. 그리고 우리는 근본적으로 유한한 삶을 살고 있습니다. 이러한 측면에서 볼 때 '자유'를 말하는 것은 어느 부모의 자식으로서 자유로워지는 것이고, 사회나 국가의 구성원으로부터 자유로워지는 것이며, 나아가 유한한 삶으로부터 자유로워지는 것입니다. 그러나 우리는 신이 아니므로 무한한 삶을 살아갈 수 없습니다. 주어진 삶 안에서, 한 자식으로서 한 사회나 한 국가의 국민으로서, 주어진 조건하에 자유를 찾아내야만 하는 것입니다.

자유는 애초부터 현실을 도피하는 출구가 될 수 없습니다. 그러므로 자유를 찾으려면 다시 자신의 문제로 돌아가게 됩니다. 그래서 주어진 자신의 삶을 그대로 인정하고 받아들이는 자세가 전제되어야 하는 것입니다. 이것이 자신을 사랑하는 것이고, 믿는 것입니다. 결국 우리는 부모 자식 관계나 사회와 국가의 구성원이라는 한계를 안고서 자유를 생각해야 합니다. 이렇기 때문에 자기 자신만을 위하는 자유는 진정한 자유가 아닙니다. 그렇다고 자신을 위하지 않는 것은 아닙니다. 사회관계라는 조건 속에서 자신의 삶의 주체가 되어야 합니다. 그리고 그것은 자신을 믿고 사랑하는 마음에서 비롯되기에 자신의 문제로 돌아가게 된다는 것입니다.

자신의 삶의 주체가 되어 살아간다는 것은 자신에게 닥친 여러 문제를 자신의 힘으로 풀어 간다는 것을 뜻합니다. 즉 홀로 자신의 삶을 꾸려 간다는 말입니다. 그러나 자신에게 어떤 문제가 닥쳤을 때 우리는 쉽게 주변의 도움을 요청합니다. 그렇게 하면 쉽게 문제를 해결할 수 있다고 생각해 왔기 때문입니다. 하지만 주체적인 삶을 살기 위해서는 그냥 지나치면 곤란합니다. 같은 문제가 다시 나타나게 되면, 또다시 주변의 도움을 요청해야만 하기 때문입니다. 하지만 주변에서 도움을 줄 수 없는 상황이라면 우리는 그 문제를 해결할 수 없게 될 것입니다.

가령 어려운 수학 문제에 맞닥뜨린 상황을 가정해 봅시다. 문제를 풀다가 답이 나오지 않으면 그냥 찍게 됩니다. 그마저도 주관식이라면 경우에 따라선 한 시간이 짧다 하고 하루 종일 잡고 있는 사람도 있을 것입니다. 하지만 그 문제에 주어진 시간은 이미 지나간 후겠지요. 어쨌든 문제를 풀고 나면 그 문제에 대한 정답을 확인하고, 그 풀이 과정도 살펴보게 됩니다. 이런 학습 과정 속에서 우리는 무의식적으로 다음에는 틀리지 말자는 다짐을 하게 됩니다. 그러나 눈으로만 정답을 확인하면, 그 문제만을 맞힐 뿐 유사한 유형의 다른 문제는 놓칠 수 있습니다. 그래서 그 풀이 과정을 반복해서 살펴보면서 머릿속에 남도록 해야 합니다. 그래야 유사한 유형의 다른 문제도 틀리지 않게 되는 것이지요.

우리의 삶도 마찬가지입니다. 어쩌면 삶의 대부분이 풀기 어려운 문제에 직면하고 있는지도 모릅니다. 우리는 수학 문제 정답지를 확인하듯이, 삶의 어려운 문제에 관해 친구들이나 선생님, 부모님 등에게 조언을 구하기도 합니다. 그런데 조언을 구하는 것에 그쳐서는 안 됩니다. 반드시 자신의 힘으로 생각해 보아야만 합니다. 그래야만 그 어려운 삶의 문제가 하나의 체험으로 그치는 것이 아니라 비로소 경험으로 자신에게 남게 되는 것입니다.

자유自由란 '스스로' 혹은 '~으로부터'라는 의미의 '자自'와 '말미암다', '행하다' 등의 의미로 쓰이는 '유由'라는 한자가 서로 만나 뜻이 만들어지게 되었습니다. 그래서 '스스로에 따른다'는 식으로 해석할 수 있습니다. 그러나 이것이 고대에도 이 뜻으로 쓰인 것은 아닙니다. 물론 이 단어가 그때에도 있었지만, 지금과는 다르게 부정적인 의미로서 쓰였습니다. 오늘날 우리가 쓰는 자유라는 의미는 아마도 서양의 영향을 받았을 것입니다. 그럼에도 불구하고 우리가 중국의 고대 고전을 통해 '자유'를 살펴보는 것은 오늘날 사용하는 의미로서 파악할 수 있는 여지가 있기 때문입니다. 특히 《장자》〈소요유〉* 편을 보면서 우리는 '자유'에 대해 생각하게 됩니다.

북쪽 바다에 물고기가 살고 있는데 그 이름은 '곤'이다.
곤은 그 크기가 몇 천 리인지 알 수가 없다.
곤이 변해서 새가 되는데 그 이름은 '붕'이다.
붕의 등은 그 크기가 몇 천 리인지 알 수가 없다.
붕이 한번 힘차게 날아오르면
그 날개가 하늘에 드리운 구름 같다.
이 새는 태풍이 바다에 불면
비로소 남쪽 바다로 이동할 수 있게 된다.
남쪽 바다는 하늘의 연못이다.
《제해》는 신기한 일을 적어 놓은 책인데,
거기에 이렇게 쓰여 있다.

"붕이 남쪽 바다로 이동할 때는 삼천 리의 파도를 치고
구만 리의 회오리바람을 일으키며 하늘로 올라간다.
그렇게 여섯 달을 날아간 뒤에야 쉰다."

아지랑이나 먼지는 생물이 호흡하면서 뱉어 낸 것이다.
하늘의 푸른색은 과연 제 빛깔인가?
아니면 끝도 없이 멀리 떨어져 있어서 그렇게 보이는 것인가?
거기서 아래를 내려다보아도 마찬가지로 파랗게 보일 것이다.

《장자》〈소요유〉

북쪽 바다의 '곤鯤'이라는 물고기는 '붕鵬'이라는 거대한 새로 변하여 남쪽 바다로 향하게 됩니다. 여기서 우리는 붕이라는 거대한 새를 보며 '자유'를 마주하게 됩니다. 거대한 물고기에서 거대한 새로의 변화는 주어진 환경이라는 조건에서 '자유'를 행하는 자들의 극적인 변화를 말하는 것입니다. 자신이 생각하는 것만이 전적으로 옳다고 여기는 자세에서는 자신의 생각이 옳지 않다는

---

* 〈**소요유**逍遙遊〉: 《장자》 내편의 첫 번째 글. 〈소요유〉 편은 어떤 구속이나 걸림 없는 절대적인 자유로운 경지에 대한 이야기를 담고 있다.

비판을 받아들이기가 어렵습니다. 이것은 앞에서도 언급했던 것처럼 마음의 여유가 없는 것이라고 할 수 있습니다. 반면에 마음의 여유가 있다는 것은 물속의 물고기가 물 밖의 새로 될 수 있는 자세를 보여 주는 것입니다. 물속에서 물 밖으로 환경이 달라지는 것처럼 전혀 다른 상황이 전개된다 하더라도 물고기에서 새로 변하는 것은, 자신의 길을 가되 그 길이 아니라고 생각하면 전혀 다른 길로도 갈 수 있는 자세를 보여 주는 것입니다. 이것이 바로 자유로운 삶을 사는 자의 모습이라 할 수 있겠지요. 그리고 이러한 자유는 바로 자기에 대한 믿음과 사랑으로부터 비롯되는 것입니다.

자유를 위해 마음에 방울을 달아 보자

지금까지 '자유'는 자신에게 주어진 조건으로부터 벗어나는 것이 아니라, 그 조건을 바탕으로 해서 자신이 주인공으로 사는 것이라고 했습니다. 삶의 주인공으로 산다는 것은 자신에게 맞닥뜨린 모든 상황으로부터 혼자 힘으로 일어나는 것을 말합니다. 설령, 다른 사람의 도움을 받는다고 하더라도 내면적 숙고와 성찰의 과정이 반드시 필요합니다. 이러한 과정에는 자기 자신을 믿고 사랑하는 것이 전제되어야만 합니다. 이렇듯 자유로운 삶을 위해서는 항상 자기 자신을 되돌아보는 것이 필요합니다. 자신을 되돌아보는 자각 없이 습관에 의해 무심코 행동한 것으로부터 우리는 자신도 모르게 노예의 삶을 살아갈 수 있기 때문입니다. 이런 점에서 '자유'는 모래성과 같습니다. 자기에 대한 끊임없는 반성과 자각이 없다면, 습관이라는 파도가 그 '자유'를 어느새 삼켜버리고 말 것입니다. 이런 이유로 옛 성현들은 항상 자신을 경계하였습니다. 우리나라의 선현들은 이를 매우 중요하게 여겼는데, 남명 조식南冥 曺植(1501~1572)은 방울을 몸에 차고 다니면서 항상 자신을 깨우치는 소리로 삼았고, 율곡 이이栗谷 李珥(1536~1584)는 〈자경문自警文〉을 지어 항상 자신을 경계하기도 하였습니다.

지금까지 살펴본 도가*의 고전을 통해서 우리가 얻을 수 있는 통찰은 '자신의 삶의 주인공으로 사는 자야말로 자유로운 사람이다'라는 것입니다.

---

* **도가**道家: 춘추 전국 시대 이래 유가儒家와 함께 중국 사상의 두 주류를 이룬 학파 또는 사상을 가리킨다. 도가의 대표적인 사상가로는 노자와 장자가 있다. 이 때문에 도가를 노장 사상老莊思想이라고도 한다. 유가가 인간이 만든 문화로서 인仁의 '가치'를 가장 중시한다면, 도가는 우리가 사는 세계의 존재 원리로서 자연의 '사실'을 가장 중시한다. 그래서 도가는 인간이 나아가야 할 길을 자연에서 찾고자 했다. 그 대표적인 주장으로 '무위자연無爲自然'이 있다.

우리는 왜 고전을 읽습니까? 고전을 통해서 우리가 얻고자 하는 것은 무엇입니까? 그것은 삶의 지혜를 구하는 것입니다. 삶의 지혜는 삶을 보다 분명하고 명확하게 해 줍니다. 마치 김춘수의 유명한 시구처럼 우리가 "그의 이름을 불러 주기 전"까지 그것은 "하나의 몸짓에 지나지 않았"습니다. 우리가 행위하고 행동하는 어떠한 것도 그것에 이름을 불러 주며 의미를 부여하기 이전에는 그것은 다음 날이면 잊히는 의미 없는 것에 불과합니다. 그러나 이름을 불러 의미를 부여하는 것처럼, 고전이라는 의미는 우리의 삶을 보다 생생하게 드러나게 해 줍니다. 그것이 바로 우리가 고전을 읽는 하나의 이유이기도 합니다.

우리가 앞에서 살펴본 '자유'에 대한 논의는 기존의 다양한 논의들에 비해 아주 일부분에 불과합니다. 철학뿐만 아니라, 문학, 역사, 정치를 비롯하여 과학과 기술 등에 이르기까지 인류에게 있어 이 '자유'라는 개념은 매우 중요한 개념입니다. 인권과 같은 문제를 넘어, 우마차에서 자동차, 비행기, 우주 왕복선에 이르는 이동 수단의 발달, 종이 편지로부터 전자 우편이나 휴대 전화에 이르는 통신 기술의 발달, 그리고 생명 공학 등등 인류 문화의 역사는 인간의 한계를 뛰어넘어, 자유를 얻고자 하는 열망으로부터 비롯되었다고도 할 수 있습니다. 바로 자신의 삶의 주인공으로 자유롭게 살고자 하는 진실한 열망 말입니다. 주체적인 삶을 위해 지금부터라도 자신을 사랑하고 믿어 보는 것은 어떨까요?

자유는…

자유는 자신에게 주어진 조건으로부터 벗어나는 것이 아니라, 그 조건을 바탕으로 자신이 삶의 주인공으로 사는 것입니다. 삶의 주인공으로 산다는 것은 자신에게 맞닥뜨린 모든 상황으로부터 혼자 힘으로 일어나는 것을 말합니다.

마음

지금 너의 마음은?

김재익

순자

언제나 그렇듯 동쪽에서 해가 뜨고, 서쪽으로 해가 집니다. 대한민국에서 십 대를 보내고 있는 여러분은 오늘도 어제와 마찬가지로 아침을 먹고 학교에 갑니다. 학교에서 점심을 해결하고, 오후 수업을 마친 후 학원에 갑니다. 학원을 마치고 집에 와서 저녁을 먹지요. 그리고 숙제를 하고, 텔레비전 보다 다시 잠자리에 듭니다. 그리고 똑같은 내일을 맞죠. 물론 모든 사람들이 그렇다는 것은 아닙니다. 일반적인 경우라고 할 수 있습니다.

이렇듯 무척이나 단조로운 삶 속에서 우리는 내일이 아닌 모레를 꿈꾸고, 다음의 것이 아닌 다음 너머 다음의 것을 꿈꾸고 있는 것은 아닐까요? 가령 학교 교실에서 공부하는데 학원 숙제를 걱정하고, 현실은 중학교에 다니고 있는데 어느 대학에 갈지 걱정한다는 말입니다. 물론 현실적인 목표가 동기 부여를 하는 데 큰 도움이 되기는 합니다. 하지만 그 삶 속에서 혹시 다른 무언가를 잊고 있거나, 잃고 있는 것은 아닌지 생각해 보셨나요?

마음은 생각의 밭이다

가만히 앉아 자신이 앉아 있는 모습을 떠올려 보세요. 다른 누군가의 시선으로 말이지요. 그 시선으로 먼저 자신이 앉아 있는 의자를 떠올려 봅시다. 책상 앞에 있는 의자일 수도 있고, 거실 소파일 수도 있겠지요. 그런 다음 그 시선을 한 단계 높여서 그 의자나 소파가 있는 방의 모습을 떠올려 봅시다. 그 시선 안에서 여전히 자신의 모습을 놓쳐서는 안 됩니다. 자신이 방 안에서 어디에 위치해 있는지 보이지요? 다시 한 단계 높여 봅시다. 그 방은 어떤 건물 안에 있는 공간입니다. 그 건물 안의 방이라는 공간 속에 자신이 있는 것이지요. 다시 한 단계 더 높여 봅시다. 자신이 살고 있는 동네를 말이지요. 그리고 자신에 대한 모습을 마음 속에 담아 두고, 그 시선을 한 단계 높여 동네가 포함된 ○○동에서 생각하고, 다시 ○○시에서 생각합니다. 그리고 대한민국이라는 한반도에서 생각해 보고, 동아시아 대륙을 넘어 지구에서 자신의 모습을 생각해 봅니다.

지구에서 보는 자신의 모습은 어떨까요? 만약 여러분이 우주 왕복선을 타고 우주로 나갈 수 있다면, 여러분이 살고 있는 집의 모습을 볼 수 있을까요? 그 흔적이라도 보일까요? 우주 높이에서 본다면 여러분은 과연 보이기나 할까요? 과연 여러분은 어떤 존재일까요?

우주 높이에서 바라본 것은 공간의 차원이었습니다. 이제 시간의 차원에서 생각해 봅시다. 우주의 나이를 살펴보지요. 우주의 나이는 '빅뱅Big Bang'이라고 하는 대폭발로부터 지금까지의 시간을 가리킵니다. 그래서 대략 138억 년이라고 합니다. 그리고 지구의 나이는 45억 년이지요. 지구에서 가장 오래된 생명체는 35억 년 전쯤에 살았던 것으로 추정하는 박테리아입니다. 이후로 다세포 생물, 육상 식물, 공룡 등등의 많은 동식물이 나타나는데, 인류의 먼 조상으로 최초로 직립 보행을 했던 오스트랄로피테쿠스는 약 300만 년 전에 출현했습니다. 그리고 마침내 인류의 직접적인 조상인 호모 사피엔스는 약 50만 년 전에 나타나게 되지요. 이러한 인류의 역사에서, 지구의 나이에서, 우주의 나이에서 여러분의 나이는 어떨까요? 과연 여러분은 어떤 존재일까요?

이러한 생각은 텔레비전이나 영화에서나 볼 수 있는 허깨비와 같은 공상이 아니라, 현재 여러분이 살고 있는 실제 모습에 대한 것입니다. 단지 어떤 시선에서 바라보느냐의 차이일 뿐이지요.

어떤 사람은 자신에게만 빠져 살기도 하고, 어떤 사람은 자신을 넘어 다른 사람의 마음을 이해하며 살기도 합니다. 또 다른 어떤 사람은 다른 사람의 마음을 이해하는 것을 넘어 우리가 살고 있는 세계 모든 사람의 마음을 이해하며 살기도 합니다. 그야말로 우주의 시선에서 바라보는 것이지요. 여러분은 어떤 시선에서 바라보며 살고 있나요?

다른 사람의 위치에서 자신을 보는 것, 그것은 모든 학문의 출발입니다. 자신을 스스로 볼 수 있다는 것은 사실 자신뿐 아니라 다른 사람까지 이해할 수 있는 능력을 지니고 있음을 알려 주는 것이지요. 그래서 국어 시간의 어떤 소설 속 주인공 모습을 생각하면서 그 주인공의 마음을 이해할 수도 있고, 위인전에 나오는 역사적 영웅들의 모습을 통해 그들의 기상을 꿈꾸기도 합니다. 그리고 앞에서 다루었던 것처럼, 우주 속 지구의 모습을 그려 볼 수도 있습니다.

우리가 이러한 것들을 할 수 있는 까닭은 무엇일까요? 그것은 우리가 '생각'을 할 수 있기 때문입니다. 그리고 이러한 생각은 마음이라는 토대에서 비롯된 것이지요. 그래서 '마음은 생각의 밭이다'라고 할 수 있습니다.

마음을 비옥하게 하자

앞에서 "마음은 생각의 밭"이라 했습니다. 생각이 일어나는 토대라는 말이지요. 예를 들어 식물의 경우를 생각해 봅시다. 어떤 식물이 싹을 틔우고 꽃을 피워 열매를 맺기까지의 모든 과정은 흙, 즉 토양에서 이루어집니다. 식물과 토양의 관계가 바로 생각과 마음의 관계입니다. 식물이 잘 자라려면 토양이 비옥해야 하듯, 좋은 생각을 하려면 마음이라는 풍토가 비옥해야 합니다. 이런 까닭에 마음을 건강하게 해야 하는 것입니다. 다시 말해 마음을 갈고 닦아야 하는 것이지요.

그렇다면 어떻게 마음을 갈고 닦을 수 있을까요? 이를 위해 먼저 생각해 보아야 할 것이 있습니다. 건강하지 못한 마음은 어떤 것인지 말이지요.

어느 날 우물에 사는 개구리*가 동쪽 바다에 사는 자라에게 말했다.

---

* **우물에 사는 개구리**: 한자로는 정저지와井底之蛙라고 하며, 넓은 세상의 형편을 알지 못하는 사람을 일컫는다.

"나는 참 즐겁다네! 우물 밖으로 깡충 뛰어올라 놀기도 하고, 우물 안 깨어진 벽 틈으로 들어가 쉬기도 한다네. 물속에서 노닐 때는 겨드랑이까지 물에 잠근 채 머리만 내놓고 다니지. 진흙을 발로 차면 발등까지밖에는 그 속에 빠지지 않네. 장구벌레, 게, 올챙이를 두루 보아도 나와 같은 자가 없다네. 거기다가 한 우물을 내 마음대로 할 수 있지. 무너진 우물을 지배하는 즐거움 또한 최고라네. 자네도 들어와 보는 게 어떻겠나?"

그래서 동쪽 바다의 자라가 들어가 보려고 왼발을 넣으려는데 오른편 무릎이 끼어 버렸다. 그래서 어정어정 물러나와 개구리에게 바다 이야기를 해 주었다.

"바다는 길이가 천 리나 되어서 얼마나 큰지 알 수가 없고, 깊이가 천 길이나 되어서 얼마나 깊은지 알 수가 없다네. 우임금 때는 십 년 동안에 아홉 번이나 장마가 졌지만 바닷물은 늘지 않았네. 탕임금 때는 팔 년 동안 일곱 번이나 가뭄이 들었지만 바닷물은 줄지 않았네. 시간이 지나도 물의 흐름이 바뀌지 않고, 물이 불어나고 마르는 데 따라 늘고 줄고 하지 않는 것이 바로 동쪽 바다의 큰 즐거움이라네."

우물 안 개구리는 이 말을 듣고 깜짝 놀라서 그만 당황하여 얼이 빠져 버렸다.

《장자》〈추수〉*

이 이야기에서 건강하지 못한 생각을 가지고 있는 것은 누구일까요? 아마도 개구리를 생각하지 않는 분은 없을 것입니다. 개구리의 입장에서 살펴봅시다. 개구리는 자신이 살고 있는 우물 안이 그 어떤 환경보다 좋다고 말합니다. 또한 개구리는 자신이 우물이라는 환경에서 장구벌레나 꽃게나 올챙이보다도 월등하다고 생각하고 있습니다. 그리고 자신의 이러한 생각을 자라에게 떠벌리며 자랑하고 있지요? 그런데 자라가 들려주는 동쪽 바다 이야기를 듣게 됩니다. 넓이도 깊이도, 그 크기를 가늠할 수 없고, 홍수가 나도 가뭄이 들어도 물의 변화가 없습니다. 자신이 살던 우물 안이 전부라고 생각했던 개구리에게 바다는 얼이 빠져 버릴 만큼 엄청난 신세계였던 것이지요.

여러분도 개구리처럼 자신이 알고 있는 지식이나 자신이 생각하는 것들이 전부라고 생각하진 않았나요? 건강하지 못한 마음의 보다 구체적인 사례를 생각해 봅시다.

---

* 〈추수秋水〉: 《장자》 외편의 글. 황하黃河의 신神인 하백河伯이 가을 홍수를 보고 북쪽 바다의 신인 약若과 이야기를 나누는 것으로 이야기가 시작된다. 이 글의 제목인 '추수'는 가을 홍수를 뜻하는 말로서 이 글의 맨 처음에 나오는 두 글자다. 〈추수〉 편은 우리가 생각하는 크고 작음 등의 차이가 상대적인 입장에서 비롯되고 있다는 것을 알려 줌으로써 우리의 안목을 한 차원 높여 주는 이야기로 구성되어 있다.

다섯 가지로 구분된 색깔은 사람의 눈을 멀게 하고,

다섯 가지로 구분된 소리는 사람의 귀를 먹게 하며,

다섯 가지로 구분된 맛은 사람의 입맛을 잃게 한다.

《도덕경》 12장

노자가 살았던 당시에는 청·적·황·백·흑 다섯 가지 색을 기본 색으로 썼습니다. 그런데 마치 개구리가 자신이 사는 세계를 이 세상 전부라 알고 살았던 것처럼, 이 다섯 가지 색깔이 전부라고 색을 인식했다면 지금 우리가 사용하는 빨·주·노·초·파·남·보라고 하는 무지개 색깔은 이 세상에 없겠지요. 이렇듯 더 많은 색깔을 알 수 없게 되니 노자가 "눈을 멀게 한다"고 한 것입니다.

다섯 가지로 구분된 소리 또한 색깔과 마찬가지입니다. 당시에는 궁·상·각·치·우라고 하는 오음계로 소리를 구분하여 사용했습니다. 지금 우리가 칠음계를 사용하는 것처럼 말이지요. 그래서 모든 소리를 이 다섯 가지 음계를 기준으로 생각했던 것입니다. 그러므로 그 밖의 것은 소리라는 것으로 잡아 낼 수 없으니 "사람의 귀를 먹게 한다"고 주장한 것입니다. 우리는 이를 선입견, 고정 관념이라고 합니다.

선입견은 어떤 사물이나 대상에 대해 이미 마음속에 가지고 있는 고정적인 관점이고, 고정 관념은 굳어진 관념입니다. 그러므로 빨·주·노·초·파·남·보라고 하는 무지개 색깔과 도·레·미·파·솔·라·시라고 하는 칠음계 소리에 대한 우리의 관점도 어떻게 보면 고정 관념이라고 할 수 있습니다. 그런데 이러한 고정 관념은 우리에게 없어서는 안 되고, 없을 수도 없는 것입니다. 서로가 갖고 있는 공통된 고정 관념으로 우리는 자연스럽게 의사소통을 할 수 있고, 앎을 확장할 수 있기 때문입니다. 그러나 개구리가 우물이라는 한계에 갇혔던 것처럼, 고정 관념은 우리를 어떤 한계에 갇히게 합니다. 색깔과 소리의 예처럼 말이지요.

짠맛(鹹)·쓴맛(苦)·신맛(酸)·매운맛(辛)·단맛(甘)의 다섯 가지로 구분되었던 맛도 마찬가지입니다.

하지만 이렇게 구분되어 이름 지어진 색깔, 소리, 맛 말고 은유적으로도 표현할 수 있습니다. "색이 차갑다", "소리가 풍부하다", "맛이 깊다" 등이 그것입니다. 다섯 가지만으로는 맛을 표현하는 데 한계가 있기 때문에 다른 무언가를 빗대어 표현하는 것입니다. 이런 독특하고, 창의적인 표현은 색깔, 소리, 맛을 더 잘 이해할 수 있게 해 줍니다. 이는 색깔, 소리, 맛에 대한 표현이 고정 관념에 묶여 있지 않기 때문에 가능한 것입니다. 또 마음이 말랑말랑하기 때문에 가능한 것이지요.

앞에서 말한 색깔, 소리, 맛에 대한 이야기는 단지 색깔이나 소리나 맛에 대한 것만이 아니라 우리가 살고 있는 세계의 단면을 보여 주는 것들입니다. 어떤 부분에서는 고정 관념이 필요하지만 거기에 너무 얽매이다 보면, 우리는 우물 안 개구리가 될지도 모릅니다. 이와 관련한 한 이야기를 살펴봅시다.

혜시*가 장자에게 말했다.

"위魏나라 왕이 나에게 거대한 박씨를 하나 주기에, 그것을 땅에 심었더니 다섯 석石이나 되는 열매를 맺었다네. 헌데 거기에 물이나 간장을 담아 두려니 껍질이 너무 약해서 감당하지 못하고, 잘라서 바가지로 쓰려니 납작해서 아무것도 담을 수가 없더군. 엄청나게 크기는 한데 쓸모가 없다고 생각되어 쪼개 버렸다네."

장자가 말했다.

"자네는 정말로 큰 것을 쓸 줄 모르는군. 송宋나라 사람 중에 집안 대대로 솜 빠는 일을 업으로 하고 있는 이가 있었는데, 손

---

* 혜시惠施(B.C.370?~B.C.309?): 중국 전국 시대에 활동한 정치가이자 사상가. 송나라 사람으로서 일찍이 위나라 혜왕惠王과 양왕襄王을 섬겨 재상이 되었다가 말년에는 고향으로 돌아와 여생을 마쳤다고 한다. 혜시는 주로 이름(名)과 실재(實)의 관계를 탐구한 명가名家에 속하는 학자로 장자와 가깝게 지냈는데, 장자는 혜시를 "재주가 많고 그 책이 다섯 수레나 된다"고 칭송하기까지 했다. 혜시에게는 《혜자惠子》라는 저서가 있었지만, 현재는 전해지지 않고, 그가 말한 일부만이 《장자》〈천하〉편에 전해지고 있다.

안 트는 약을 잘 만들었다네. 이 소문을 듣고 어떤 나그네가 찾아와서 그 기술을 백 금에 팔라고 청하였지. 그러나 송나라 사람은 일가친척들을 다 모아 놓고 이렇게 말했다네. '우리는 대대로 솜 빠는 일을 업으로 삼아 왔지만 수입은 고작 몇 푼에 불과했다. 지금 하루아침에 백 금을 손에 넣을 수 있게 되었으니 파는 것이 어떻겠는가?' 그래서 나그네는 그 기술을 손에 넣었네. 그리고 곧바로 오吳나라 왕을 찾아가서 약을 소개했지. 때마침 월나라와 전쟁을 하고 있던 오나라의 임금은 그를 장수로 삼았네. 그는 겨울에 월나라 군과 해전을 벌여 대승을 거두었다네. 그래서 오나라 왕은 그에게 땅을 떼어 주고 제후로 임명하였지. 손이 트지 않게 하는 약을 가진 것은 마찬가지지만 어떤 이는 그것으로 제후가 되고, 어떤 이는 솜 빠는 일을 면치 못한 것은 쓰는 바가 달랐기 때문이라네. 지금 자네에게는 다섯 석이나 되는 박이 있는데, 왜 그것을 큰 통으로 만들어 강이나 호수에 띄워 놓을 생각은 못 하고 납작해서 물이 담아지지 않는다고 걱정만 하는 것인가? 자네의 생각은 꼬불꼬불한 쑥처럼 앞뒤가 꽉 막혀 있네그려!"

《장자》〈소요유〉

대대로 솜을 빠는 일을 했던 사람에게는 손을 트지 않게 하는 약을 만드는 기술이 단지 솜을 수월하게 빨게 하는 정도일 뿐이라는 일종의 고정 관념이 있었던 것입니다. 그래서 약을 활용할 수 있는 방법이 있다는 것을 생각할 수 없었던 것입니다. 혜시의 경우도 마찬가지입니다. 박은 물이나 간장 등을 담는 데만 쓰는 것이라는 고정 관념에 사로잡혀 다른 방법으로 쓸 생각은 하지 못했지요. 장자는 이러한 혜시에 대해서 지적한 것입니다. 여러분이라면 어떻게 사용하겠어요?

장자는 어떤 대상에 대해서 선입견이나 고정 관념으로 가득 차서 다르게 볼 수 있는 여지가 없는 일종의 딱딱하게 굳은 마음을 '성심成心'이라고 했습니다. 그리고 사람들은 '성심'을 스승처럼 따른다고 꼬집었습니다. 굳은 마음을 지닌 사람들은 자신의 생각에만 의존하여 자기 앞에 놓인 현실을 제대로 보지 못하는 경우가 많지요.

"마음을 비옥하게 한다"는 말을 다시 한 번 환기시켜 봅시다. 마음은 생각의 밭이기 때문에 식물이 싹을 틔우고 꽃을 피우기 위해서는 비옥한 땅이 있어야 하듯, 좋은 생각을 하기 위해서는 마음이 건강하고 비옥해야 한다는 것이지요. 좋은 생각은 사물이든 사람이든 어떤 것에 얽매이지 않는 자신만의 생각을 말합니다. 때문에 독창적이고, 창의적일 수 있습니다. 사물이나 사람에 대해서 보이는 대로, 들리는 대로, 느끼는 대로 말하는 것이 자신만의 생각을 하는 것입니다. 하지만 앞에서 보았던 것처럼 우리는 선입견이나 고정 관념에 의해서 보이는 대로 보지 않고, 보려고 하는 대로 보고, 들리는 대로 듣지 않고, 듣고자 하는 것으로 들으며, 느끼는 대로 말하지 않습니다. 다음은 이러한 우리의 단면을 일깨워 주는 이야기입니다.

배로 강을 건널 때 만약 빈 배가 와서

자기 배에 부딪쳤다면

비록 마음이 좁은 사람이라도 화를 내지는 않을 것이다.

그러나 그 배에 한 사람이라도 타고 있다면

소리쳐 그 배를 피하거나 물러가라고 할 것이다.

한 번 소리쳐 듣지 못하면

두 번 소리치고, 그래도 듣지 못하면

세 번 소리치면서 반드시 욕설이 따르게 될 것이다

아까는 화를 내지 않았는데 이번에는 화를 내는 것은

아까는 빈 배였는데 지금은 사람이 타고 있기 때문이다.

이처럼 사람도 스스로를 텅 비게 하고 세상을 산다면

그 무엇이 그에게 해를 끼칠 수 있겠는가?

《장자》〈산목〉*

여러분이 오리 배를 타고 있다고 생각해 봅시다. 그런데 다른 오리 배 한 척이 여러분이 타고 있는 배에 부딪치려고 합니다. 만약 그 배에 사람이 없다면, 여러분은 그 상황을 이해하고 화를 내지 않을 것입니다. 그런데 그 배에 사람이 타고 있다면 상황은 달라지겠지요.

이제 다시 장자의 이야기로 돌아가 봅시다. 장자는 밀려온 빈 배와 같은 마음을 지니라고 말합니다. 빈 배처럼 자신의 마음을 비운다면, 다른 이를 들이받아도 그 사람이 화를 낼 일이 없을 것입니다. 그러니 자신의 마음을 비우고 세상을 살아간다면 아무도 자신을 해하지 않겠지요.

선입견 없이 사물과 사람을 대하는 것도 이와 마찬가지 일일 것입니다. 우리는 다른 사람이 무심코 던진 말 한마디에 상처를 받고, 다른 사람은 우리가 던진 말 한마디 때문에 상처를 받습니다. 이렇게 되면 우리가 상대방에게 원한을 품거나 상대방이 우

＊〈산목山木〉: 《장자》 외편의 글. 산 속의 큰 나무에 관한 이야기로 시작된다. 그 큰 나무는 목재로서 어떻게라도 이용할 수 없어서, 오랫동안 베어지지 않고 자신의 주어진 운명대로 살 수 있었다는 이야기다. 이렇듯 〈산목〉 편은 변화하는 세계 속에서 어떻게 자신의 몸을 온전히 보전할 수 있는지에 대한 이야기들로 구성되어 있다.

리에게 원한을 품는 일이 생길 수 있습니다. 하지만 빈 배처럼 선입견 같은 것을 싣지 않은 말 한마디라면 원한을 품을 일은 생기지 않게 되겠지요. 그렇다면 빈 배처럼 마음을 가지려면 어떻게 해야 할까요?

장자는 다음과 같은 지침을 내려 줄 것입니다. "다른 사람과 이야기할 때, 귀로 듣지 말고 마음으로 들어라. 그리고 마음으로 듣지 말고 기氣로 들어라!" 귀로 듣는 것은 소리만 듣는 것을 가리킵니다. 말하는 사람의 말에 담긴 의미를 생각하지 않고, 그냥 들리는 대로 듣는 것이지요. 마음으로 듣는 것은 말하는 사람이 하려고 하는 이야기의 전체적인 의미를 생각하기는 하지만, 여전히 선입견을 내려놓지 못하고 듣는 것을 말합니다. 아직 빈 배가 되지 않은 것이지요. 빈 배와 같은 마음을 갖는 것은 바로 기氣로 듣는 것입니다. 기氣로 들을 때에야 비로소 완전한 의사소통이 이루어질 수 있다고 장자는 생각했던 것입니다.

마음을 비옥하게 하는 것은 마음을 비우는 것과 다르지 않습니다. 마음을 비우라고 하면 "어떻게 그렇게 할 수 있나?", "우리가 가진 모든 지식과 경험을 어떻게 버릴 수가 있나?" 하는 의문이 들 수 있습니다. 우리가 가진 지식이나 경험은 우리의 현실과 세계를 이루고 있습니다. 이것들이 없다면 우리는 지식을 만들기도, 나아가 경험하기도 어려울 수 있습니다. 하지만 지식과 경험이 딱딱하게 굳어져 그것을 절대적인 것으로 보게 되면 지식과 경험은 새로운 것을 받아들이는 데 장애물이 됩니다.

마음을 비운다는 것은 그 장애물을 깨뜨리는 것과 다르지 않습니다. 그리고 그것을 받아들일 열린 마음가짐을 말합니다. 우리는 우물 안 세계를 세상의 전부이듯 생각하는 개구리처럼 살 수는 없습니다. 개구리가 가진 생각과 같은 선입견을 걷어 내는 것이 마음을 비우는 것입니다. 아마도 그 개구리는 자라의 이야기를 듣고 먼 여행을 떠났을지 모릅니다. 우리에게 이미 펼쳐져 있는 현실이나 세계 그 너머로 말이지요.

비옥한 마음을 지닌 자 참인간, 진인眞人!

여러분은 오늘 먹은 아침 반찬을 기억하나요? 낮에는 누구와 어떤 이야기를 나누었나요? 저녁에는 무엇을 먹을지 생각해 보았나요? 혹시 이런 일들이 대수롭지 않은 사소한 일이라고 생각하나요? 그렇다면, 여러분이 좋아하는 영화는 무엇인가요? 여러분 아버지가 좋아하시는 노래는 무엇인가요? 엄마가 좋아하시는 색깔은 무엇인가요?

우리는 내일을 위해, 목표를 위해, 성공을 위해 살아갑니다. 하지만 내일이라는 이유로, 목표라는 이유로 그리고 성공이라는 이유로 오늘을, 그리고 지금 이 순간을 사소하게 생각하고 있지는 않은가요? 하지만 오늘을 살고 있는 여러분에게 일분일초도 사소한 것은 없습니다. 순간순간의 생각마저도 말이지요. 왜냐하면 순간순간의 생각이 모여 자신을 만들기 때문입니다. 이러한 이유로 앞에서 말한 건강하고 비옥한 마음이 무엇보다 중요합니다. 장자가 말한 이상적인 인간, 즉 참인간인 진인眞人은 이러한 마음을 지녔습니다.

공자가 여량呂梁이라는 곳으로 여행을 갔다. 삼십 길의 폭포수가 물방울을 사십 리까지 튀기면서 급류로 흐르고 있어 물고기나 큰 자라, 악어도 헤엄칠 수 없는 곳이었다.

그런데 한 사나이가 거기에서 헤엄치고 있는 것을 보고 뭔가 괴로움이 있어 죽으려고 뛰어든 거라 생각하고 제자를 시켜 물길을 따라 내려가서 그를 구해 주라고 했다.

그러나 사나이는 몇 백 걸음 되는 거리를 헤엄치고 물에서 나와서는 머리를 풀어 헤친 채 노래를 부르며 언덕 아래를 거닐고 있었다.

공자가 그에게 다가가서 물었다.

"나는 당신이 귀신인가 했는데 아무리 살펴보아도 사람이구려. 물에서 헤엄치는 데에도 도道가 있는 거요?"

"없소. 내게 도道란 없고 평소에 늘 익히는 것으로 시작하여 본성에 따라 나아지게 하고 천명天命에 따라 이뤄지게 한 겁니다. 나는 소용돌이와 함께 물속에 들어가고 솟는 물과 더불어 물 위로 나옵니다. 물길을 따라가므로 전혀 내 힘을 쓰지 않습니다. 이것이 내가 헤엄치는 방법이오."

공자가 물었다.

"평소에 늘 익히는 것으로 시작하여 본성에 따라 나아지게 하며 천명에 따라 이뤄지게 한다는 것은 무슨 말이오?"

"내가 육지에서 태어나 육지에 편히 사는 것을 평소에 늘 익히는 것이라 하고, 물속에 편히 있는 것을 본성이라 하며, 어떻게 물속을 헤엄치는가를 모른 채 헤엄치는 것을 천명이라 하오."

《장자》〈달생〉*

---

* 〈달생達生〉: 《장자》 외편의 글. 외편의 다른 글과 마찬가지로 시작하는 처음 두 글자를 제목으로 삼았다. 삶에 능통한 자들이 어떻게 그렇게 될 수 있었는지에 관한 이야기로 시작하는 〈달생〉 편은 선입견이나 고정 관념을 극복하고자 하는 우리에게 나아가야 할 방향을 제시해 주고 있다.

수영을 굉장히 잘하는 어떤 사나이와 공자와의 대화입니다. 여기서의 공자는 우리가 알고 있는 제자백가의 그 공자孔子(B.C.551~B.C.479)이긴 하지만 진짜 공자가 아니라, 장자가 이름을 빌려서 자신의 이야기를 좀 더 설득력 있게 만든 일종의 가공인물입니다. 어쨌든 그 공자와 수영을 잘하는 어떤 사나이가 수영을 주제로 대화를 합니다. 어떻게 그렇게 수영을 잘할 수 있느냐고 공자가 물으니, 그 사나이는 별달리 특별한 방법은 없다면서 두 가지를 말합니다.

먼저 그는 "평소에 늘 익히는 것으로 시작"했다고 말합니다. 이는 늘 하던 일을 했을 뿐이라는 듯한 인상을 줍니다. 어떤 분야에서든 성공을 하려면 시간을 들여야 합니다. 그런데 사나이는 무심하게 "평소에 늘 익히는 것으로 시작"했다고 대답합니다. 눈물 젖은 빵을 먹으며 힘겹게 노력해서 얻은 방법이 아니라, 단지 자신이 가지고 있는 능력에 맞는 방법으로 했을 뿐이라고 말한 것입니다. 그래서인지 그 사나이의 성공은 지금 우리가 선망하는 '좋은 성공'과는 거리가 멀어 보입니다.

두 번째는 "물과 더불어 물길을 따라"갔다는 것입니다. 물살을 가르고, 물을 거스르는 것이 아니라, 물과 한 몸이 되어 물길을 따라갔다는 것입니다. 그렇기 때문에 물고기나 자라도 헤엄치지 못하는 급류에서도 헤엄칠 수 있었다는 것이지요.

이 이야기는 앞에서 보았던 고정 관념과 빈 배의 사례를 자연스럽게 떠올리게 합니다. 고정 관념으로는 급류에 뛰어든 사나이의 행동이 마치 죽으려고 하는 것처럼 보입니다. 또한 물살을 가르는 것이 헤엄치는 방법이라는 고정 관념으로는 급류에서 헤엄칠 수 없을 것입니다. 물고기나 자라처럼 말입니다. 빈 배처럼 물살에 몸을 맡겨야만 헤엄칠 수 있게 되는 것이지요.

사나이가 말한 이 두 가지는 장자가 말하는 참인간의 조건입니다. 하지만 고정 관념을 버릴 수 있다고 믿고, 하룻강아지 범 무서운 줄 모르듯 무턱대고 급류에 뛰어들었다가는 큰 화를 입기 십상일 것입니다. 여기에는 '평소에 늘 익히는' 과정이 반드시 필요하기 때문입니다. '평소에 늘 익히는' 과정은 건강하고 비옥한 마음을 만들어 가는 과정입니다. 그것은 늘 자신의 한계를 마주해야 가능합니다. 자라에게서 동쪽 바다 이야기를 들은 개구리가 마주한 한계처럼 말이지요. 아마도 그때 개구리는 온 세상이 무너져 내리는 듯했을 것입니다.

성공한다는 것은 모든 사람이 선망하는 일을 하는 것일 수도 있고, 자신이 원하는 일을 하는 것일 수도 있습니다. 하지만 우리는 그 성공이 자신에게 진정한 만족과 행복을 가져다줄 것인지에 대해서는 잘 생각하지 않는 경향이 있습니다.

성공에 다다르는 과정 역시 마찬가지입니다. 성공으로 이르게 되는 과정 또한 자신의 삶이기 때문에 하찮게 여길 수 없습니다. "하루하루가 즐거워야 즐거워질 수 있고, 하루하루가 성공해야 성공에 이를 수 있다"고 장자는 참인간인 진인을 통해서 말하고 있습니다.

　마지막으로, 성공하는 방법은 건강하고 비옥한 마음에 달려 있습니다.

　　흙이 쌓여 산이 이룩되면 바람과 비가 일고,
　　물이 모여 못이 이룩되면 교룡이 생겨나며,
　　선함이 쌓여 덕이 이룩되면
　　자연히 귀신같은 총명함을 얻게 되고
　　성스러운 마음이 갖추어지게 된다.
　　그러므로 반걸음이라도 발을 떼지 않고서는
　　천 리 길을 갈 수 없고,
　　작은 여울이 모이지 않으면
　　강과 바다가 이룩될 수 없는 것이다.
　　날랜 말도 한 번 뛰어 열 걸음을 갈 수 없고,
　　둔한 말도 열 걸음을 떼어 수레를 끌고 가면
　　날랜 말을 따라갈 수 있다.
　　공이 이룩되는 것은 중단하지 않는 데 달려 있다.

칼로 자르다 중단하면 썩은 나무라도 자를 수 없으며,

중단하지 않으면 쇠나 돌이라도 자를 수 있다.

《순자*》〈권학〉

마음은…

식물이 싹을 틔우고 꽃을 피기 위해서는 비옥
한 땅이 있어야 하듯, 좋은 생각을 하기 위해
서는 마음이 건강해야 합니다. 좋은 생각은 사
물이든 사람이든 어떤 것에 얽매이지 않는 독
창적이고 창의적인 자신만의 생각을 말합니다.

---

* **순자**荀子(B.C. 323?~238?): 중국 전국 시대 말기의 사상가. 공자의 사상을 이어받아 이론
적으로 체계화한 유학자다. 이름은 황況이고 순경荀卿이라고도 하는데, 맹자의 성선설性善說
에 대하여 "인간의 본성은 악하다"는 성악설性惡說을 주장한 것으로 잘 알려져 있다. 지금 전
해지고 있는 《순자》는 32편으로, 순자 자신의 글과 제자들에 의해 이루어진 부분이 섞여
있다. 이 가운데 〈권학〉 편은 《순자》의 첫 번째 글로서 학문의 필요성과 학문하는 방법을
논하고 있다. 이 인용문은 〈권학〉 편의 유명한 구절로서, 순자는 학문이란 능력을 떠나서
꾸준한 마음으로 노력해야만 결실을 맺을 수 있다고 말하고 있다.

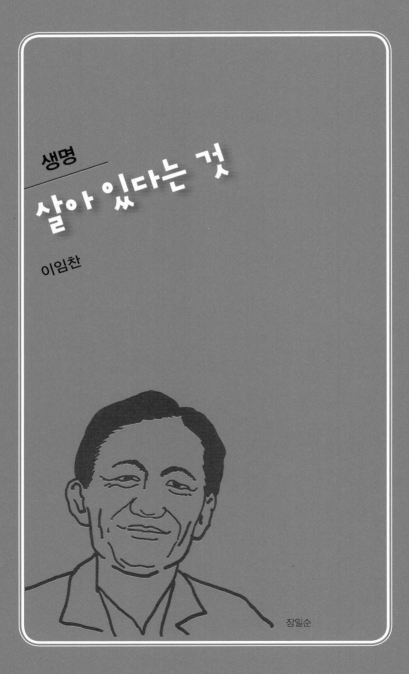

생명

살아 있다는 것

이임찬

장일순

잠시만 눈을 감고 '생명이란 무엇인지' 생각해 봅시다.

어때요? 어떤 대답거리가 떠올랐나요? 아니면 그냥 막막하기만 한가요?

우리는 일상생활에서 '생명'이라는 단어를 많이 사용합니다. '생명의 소중함', '생명의 존엄성' 등의 말을 들은 적이 있을 것입니다. 그러나 '생명'에 대해 진지하게 생각해 보니 막막하기만 하지요? 당연한 일입니다. 사실 현재까지 어떤 과학자나 철학자도 생명을 명확하게 설명하지 못하고 있습니다.

오히려 우리가 '생명'에 대해 막막함을 느꼈다는 것이 중요합니다. 왜냐고요? 그 막막함을 느낀 사람만이 생명을 궁금해하기 때문입니다. 자신이 무엇에 대해 모른다는 자각, 그것이 바로 철학적으로 생각하는 출발점이지요.

생명에 대해 이야기하기 전에 한 가지 확인할 문제가 있습니다. 우리는 생명에 대해 과학적으로 접근할 수도 있고, 철학적으로 접근할 수도 있습니다. 가령, 우리의 몸을 구성하고 있는 팔다리, 심장, 뇌, 세포, 염색체, 유전자 등을 연구하여 생명의 비밀을 밝히려는 것은 과학적 방법입니다.

하지만 아무리 염색체나 유전자를 연구해도 생명이 우리에게 어떤 '의미'를 갖는지는 알 수 없습니다. 또한 심장이나 뇌를 아무리 연구해도 자신의 생명을 보존하고자 하는 '나'를 발견할 수는 없습니다. 팔다리나 눈, 코, 입을 연구한다 해도 '나'와 주변 사람들, '나'와 대자연의 관계를 설명할 수는 없습니다. 그래서 생명에 대한 철학적 접근이 필요합니다. 바로 우리가 생명을 이야기하는 접근 방법이지요.

우리는 모두 살아 있는 생명입니다. 돌 틈 사이로 고개를 내민 새싹도, 하늘을 나는 새들도, 숲에서 사는 작은 벌레도 모두 살아 있는 생명입니다. 이 모든 살아 있는 생명이 갖는 공통적인 특징은 어떤 것이 있을까요?

음, 무엇보다 살고 싶어 하지요? 살고 싶어 한다는 것은 생명이 갖는 중요한 특징입니다.

살고 싶다는 것은 어떤 의미일까요? 살아 있는 여러분은 누군가를 사랑하고 또 누군가에게 사랑받고 싶지 않나요? 행복하고 싶지는 않나요? 사랑하고 행복하려면, 우리는 자유로워야 하지 않을까요?

살고 싶고, 사랑하고 싶고, 자유롭고 싶고, 행복하고 싶은 것은 모든 생명들이 똑같지 않을까요? 아, 그리고 모든 생명들은 결국 죽는다는 공통점도 있군요. 그렇다면, 생명에는 살고자 하는 욕구, 사랑, 자유, 행복, 평등, 그리고 죽음이 깃들어 있다고 말할 수 있겠군요. 이제부터 생명의 여러 특징들을 이야기해 보지요.

새장 속의 새는 어떤 꿈을 꿀까?- 생명의 자유

여러분은 어렸을 때 잠자리나 물고기를 잡아 본 적이 있나요? 아무리 조심스럽게 다가가도 요리조리 잘 피해서 쉽게 잡을 수 없었지요. 여기서 한 가지 생각해 볼 문제가 있습니다. 잠자리나 물고기는 왜 우리의 손을 피할까요?

너무 싱거운 질문인가요? 싱겁다고 쉽게 넘기지 말고 한 번쯤 깊이 생각해 보세요. 왜 피할까요?

잠자리나 물고기의 마음을 알 수 없다고요? 그럼 이렇게 생각해 볼까요?

만일 낯선 누군가가 여러분을 잡으려 한다면, 여러분도 피하려 하겠지요? 왜 피하려 하나요? 잠자리와 물고기가 그렇고 여러분이 그렇듯이, 살아 있는 모든 것들은 잡히지 않으려 합니다. 왜 잡히지 않으려고 할까요?

우리말에서 '잡다'라는 동사는 많은 뜻을 갖고 있습니다. 그 가운데 이런 뜻들이 있습니다. 첫째는 '어떤 대상을 붙들어 손에 넣다'는 뜻입니다. 가령, "물고기를 잡다"가 그 예가 되겠군요. 둘째는 '어떤 대상을 죽이다'라는 뜻도 있습니다. "돼지를 잡다"라는 예문을 들 수 있겠지요. 그런데 이 두 가지 뜻이 함께 쓰인 예문이 있습니다. "잡히면 죽어!" 조금 거친 표현인가요? 그렇지만 잠자리나 물고기가 인간의 손을 피하는 이유는 '잡히면 죽는다'는 것을 알기 때문이 아닐까요?

왜 잡히면 죽나요? 우선, 잡힌다는 것은 자신의 자유를 잃는다는 것입니다. 자유를 잃는다는 것은 자기 생명을 자기 마음대로 할 수 없게 된다는 말이지요. 누군가 '나'를 잡은 사람이 '나'의 생명을 좌지우지하게 되겠지요. 잡히는 순간 '나'는 이미 죽은 거나 다름없습니다.

아마도 이런 이유 때문에 '잡다'라는 동사에 어떤 대상을 '손에 넣다'와 '죽이다'라는 뜻이 함께 들어 있는 거 같습니다. 잡히는 입장에서 보면, 자유를 잃는 것이 곧 생명을 잃는 것이니까요. 거꾸로 말하면, 자유를 지키는 것이 곧 생명을 지키는 것이지요. 잠자리나 물고기는 자유가 곧 생명이고, 생명이 곧 자유라는 것을 본능적으로 알고 있는 것 같습니다.

어때요? 잠자리나 물고기가 우리를 피하는 이유를 한 번쯤 생각해 볼 만하지요? 장자도 이와 비슷한 이야기를 했습니다.

> 늪에 사는 꿩은 열 걸음 걸어 먹이를 한 번 쪼아 먹고, 백 걸음 걸어 물을 한 모금 마시지만, 그래도 새장 속에서 길러지기를 바라지 않는다.
>
> 《장자》〈양생주〉*

야생에 사는 새들은 먹이나 물을 구하기가 쉽지 않습니다. 여기저기 한참을 돌아다녀야 겨우 한 번 먹이를 쪼아 먹을 정도입니다. 고달픈 생활이겠지요. 그러나 사람에게 잡혀 새장 속에서 길러지기를 원하지는 않습니다. 사람들에게 좋은 먹이를 배불리

---

* 〈양생주養生主〉: 《장자》 내편의 글. 〈양생주〉 편은 인간 세상에서 자신의 생을 온전하게 하려면 어떻게 살아 나가야 할 것인가 하는 근본 원리를 설명하고 있다.

얻어먹을 수 있는데도 말입니다.

왜일까요? 잠자리나 물고기가 여러분의 손을 피해 달아났던 이유와 같지 않을까요? 새장 속의 새는 더 이상 자유롭지 않습니다. 비록 먹이는 풍부하고 몸은 편하지만, 생명이 욕망하는 가장 기본적인 자유가 없습니다. 차라리 배를 곯더라도 자유롭게 살고 싶은 거겠지요.

"자유가 아니면 죽음을 달라!(Give me liberty or give me death!)"

새장 속의 새는 이렇게 외치고 있을지도 모릅니다. 이 말은 패트릭 헨리*라는 사람이 한 말입니다. 1775년 3월 23일, 패트릭 헨리는 영국의 식민지 지배로부터 미국이 독립할 것을 주장했습니다.

지금 우리가 토론하고 있는 문제는 자유를 얻느냐, 노예가 되느냐 하는 문제입니다. …… 여러분이 바라는 것은 무엇입니까?

---

* **패트릭 헨리**Patrick Henry(1736~1799): 미국의 정치가, 독립운동가. 패트릭 헨리는 인간은 태어날 때부터 양도할 수 없는 권리를 지닌다는 자연권 이론을 지지하였다. 이러한 사상을 기초로, 그는 미국 대륙에 대한 영국의 식민지 지배에 반대하여 독립 혁명에 투신하였다. 독립 혁명 기간에는 대륙 회의 대표, 버지니아 군의 군사령관 등을 역임했으며, 이후 버지니아 주 주지사 등을 지냈다. 자유와 민주적 헌법의 실현을 위해 노력한 인물로 평가받는다.

그들은 무엇을 갖고자 합니까? 사슬에 묶인 노예의 삶을 대가로 지불할 만큼 생명이 그렇게 소중하고 평화가 그렇게 달콤합니까? 전능하신 신이시여, 그것을 막아 주십시오! 여러분이 어떤 길을 선택할지 나는 모릅니다. 그러나 나는 외칠 것입니다. '나에게 자유가 아니면 죽음을 달라!'

〈자유가 아니면 죽음을 달라(Give Me Liberty Or Give Me Death)〉

패트릭 헨리는 노예로 살아가는 생명과 자유로운 생명을 구분합니다. 노예의 삶을 대가로 얻은 생명은 진정한 생명이 아닙니다. 그것은 죽음보다 더 비참한 노예의 삶일 뿐입니다. 생명은 자유로울 때 비로소 생명으로서 가치를 갖습니다. 그래서 그는 자유로운 생명이 아니면 차라리 죽음을 달라고 외친 것입니다. "자유가 아니면 죽음을 달라"는 말은 우리 생명에서 자유가 얼마나 중요한지 잘 말해 주고 있습니다. 생명은 자유입니다.

욕망은 나쁜 것일까?- 생명의 욕망

모든 생명은 살고 싶어 하고 또 살려고 애씁니다. 만일 어떤 생명이 살고 싶어 하지 않는다면 어떻게 될까요? 눈앞에 먹을거리가 있어도 먹지 않을 테고, 멋진 이성을 만나도 사랑할 수 없겠지요. 이런 생명은 사실상 이미 죽은 거나 마찬가지입니다.

이렇듯 모든 생명이 가지고 있는 살고자 하는 욕망을 좀 더 구체적으로 살펴볼까요? 살기 위해서 우리는 음식물을 섭취하려 합니다. 식욕이지요. 또한 산다는 것은 나만 살고 끝나는 것이 아닙니다. 생식을 통해 종을 유지하고자 합니다. 성욕이지요. 식욕과 성욕은 생명의 가장 기본적인 욕망입니다.

어디 그뿐인가요? 멋진 이성을 만나면 우리의 마음은 설레고 심장은 두근거립니다. 우리의 욕망이 사랑으로 표현되는 순간입니다. 사랑은 억지로 강요할 수 없습니다. 자유로운 생명만이 사랑할 수 있습니다. 우리는 또 사랑하는 사람들과 행복하게 살고 싶어 합니다. 그래서 욕망은 또 자유와 행복에 대한 추구로 나타나기도 합니다.

식욕과 성욕은 물론 사랑과 자유와 행복에 대한 추구는 모든 생명이 갖는 욕망입니다. 이런 욕망이 있다는 것은 그 생명이 살아 있다는 증거입니다. 그래서 자화자*라는 철학자는 이렇게 말합니다.

생명의 욕망을 만족시키는 삶이 가장 좋은 삶이고,
생명의 욕망을 일부만 만족시키는 삶이 그다음이며,

죽음이 그다음이고,

생명의 욕망을 억압하는 삶이 가장 나쁘다.

《여씨춘추》* 〈귀생〉

　자신의 욕망을 만족시킬 수 있는 삶이 당연히 가장 좋겠지요. 그런데 여기서 재미있는 것은 마지막 두 구절입니다. 우리는 흔히 죽는 것이 가장 나쁘다고 생각합니다. 하지만 자화자의 눈에는 죽음보다 더 나쁜 삶이 있습니다. 바로 생명의 욕망이 억눌린 삶, 생명의 욕망을 억압하는 삶이지요.

　먹고 싶은데 먹지 못하게 합니다. 사랑하고 싶은데 사랑하지 못하게 합니다. 먹고 싶은데 먹지 않고 참습니다. 사랑하고 싶은데 사랑하지 않고 또 참습니다. 어떤 경우이든 행복할 수 없겠지

---

* **자화자子華子(?~?)**: 중국 춘추 시대 말기의 진晉나라 사람, 또는 전국 시대의 위魏나라 사람이라는 설이 있다. 《자화자子華子》라는 책을 지었다고 하는데, 지금은 전해지지 않는다. 도가 계열의 철학자로서 생명을 중시하라는 귀생貴生을 주장하였으며, 운동을 통해 혈기를 막힘없이 잘 통하게 해야 건강하게 장수할 수 있다고 보았다.

* **《여씨춘추呂氏春秋》**: 《여람呂覽》이라고도 불린다. 중국 진秦나라의 재상 여불위呂不韋(B.C.292~B.C.235)가 자신이 거느리고 있던 학자 3,000명과 함께 저술한 책이다. 도가 철학을 중심으로 유가, 법가, 음양가, 농가 등의 장점을 취하여 종합하였다. 여불위는 이 책을 진나라 수도 함양의 저잣거리에 전시해 놓고, "누구라도 이 책에서 한 글자라도 고칠 수 있다면 천금을 주겠다"고 큰소리를 칠 만큼 책에 대한 자부심이 강했다고 한다.

요? 앞에서 말했듯이, 욕망은 모든 생명이 살아 있다는 증거입니다. 그런데 그 욕망을 억지로 막거나 참으며 산다면, 비록 죽은 것은 아니지만 죽음보다 더 비참하다는 말입니다. 생명의 욕망은 이렇게 중요한 것입니다.

그런데 욕망은 그렇게 간단한 것이 아닙니다. 욕망은 우리 몸 속에 있는 불꽃이라 할 수 있습니다. 가령, 자동차는 엔진 속에서 연료를 태워 에너지를 얻고, 그 에너지를 이용해서 도로를 달립니다. 만일 엔진에 연료가 너무 적게 들어가면 자동차는 달릴 수 없겠지요? 반대로 연료가 너무 많이 들어가면 어떻게 될까요? 엔진이 과열되거나 심하면 터질 수도 있습니다.

마찬가지입니다. 우리 몸속의 욕망이라는 불꽃이 너무 작으면, 우리는 살아갈 힘을 얻지 못해 무기력해집니다. 반대로 욕망이라는 불꽃이 너무 크면, 우리 몸을 태우고 맙니다. 그래서 욕망은 위험한 것이기도 하지요. 여러분 중에 누군가 '욕망은 나쁜 거야' 라고 생각했다면, 아마도 이런 이유 때문일 거예요.

노자도 욕망이 지나치게 커지는 것을 걱정했습니다.

명예와 몸 중에 어느 것이 더 가까운가?
몸과 재물 중에 어느 것이 더 소중한가?
얻음과 잃음 중에 어느 것이 더 해로운가?

이러한 이유로 너무 애착하면 반드시 크게 소모하고,

많이 쌓아 두면 반드시 크게 잃는다.

《도덕경》 44장

　명예욕은 다른 사람들에게 인정받고 싶어 하는 욕망입니다. 재물욕은 우리의 의식주를 해결해 줄 재화를 갖고 싶어 하는 욕망이고요. 이러한 욕망 역시 모든 생명이 갖고 있는 것입니다.

　그런데 이 욕망의 불꽃이 너무 커져 버렸네요. '나'의 몸, 즉 '나'의 생명이 욕구하는 것을 벗어나 타인의 몸, 즉 타인의 생명을 지배하려고 합니다. 자신도 살 권리가 있고 상대방도 살 권리가 있다는 생명의 평등성을 잊어버린 것입니다.

　자신이 인정받고 싶듯이 상대방도 인정받고 싶어 합니다. 우리에게 의식주를 해결해 줄 재화가 필요하듯이 상대방도 필요합니다. 그런데 자신이 너무 애착하고 너무 많이 가지려고 하면, 상대방의 살아갈 권리를 침해하게 됩니다. 상대방이 살기 힘들겠지요?

　하지만 더 큰 문제는 자신도 살기 힘들다는 것입니다. 왜냐하면 지나치게 큰 욕망의 불꽃은 자신의 몸, 즉 자신의 생명을 태워 버리기 때문입니다. 더 많이 가지려 할수록 마음은 더 애타게 되고, 몸은 더 피곤해집니다. 자기를 잃고 욕망에 빠져 버리는 것이지요.

욕망은 본래 생명이 살아갈 수 있도록 힘을 주는 것입니다. 그
래서 아주 소중한 것이지요. 하지만 이 욕망의 불꽃은 잘 조절해
야 합니다. '나'와 타인의 생명이 활기차게 살아갈 수 있도록 말입
니다.

생명의 무게는 얼마나 될까?- 생명의 평등성

모든 살아 있는 생명은 각자의 욕망을 발현하며 자유롭게 살고
자 합니다. 인간만 그런 것이 아니라 새도 물고기도 곤충들도 그
렇습니다. 불교의 경전에는 이와 관련된 이야기가 전해집니다.

옛날에 자비심이 많은 왕이 있었다. 어느 날 매에게 쫓기던
비둘기 한 마리가 그의 품으로 날아들었다. 매가 나뭇가지에 앉
아서 왕에게 말했다.
"비둘기를 나에게 돌려주시오. 그것은 나의 먹이입니다."
왕이 말했다.
"비둘기를 너에게 내어 줄 수 없다. 나는 모든 생명을 구원하
겠다고 맹세하였다."

그러자 매가 따졌다.

"당신이 구원하려는 생명에 나는 포함되지 않습니까? 왜 나에게는 자비를 베풀지 않습니까?"

왕은 난처했다. 모든 생명을 구원하겠다고 맹세했다면, 당연히 매에게도 먹이를 주어야 했기 때문이다.

왕은 매에게 어떤 먹이를 원하는지 물었다. 매는 싱싱한 날고기가 아니면 먹지 않는다고 대답했다. 비둘기를 죽이지 않고 어떻게 싱싱한 날고기를 구할 수 있을까? 왕은 결국 큰 결심을 했다. 자신의 넓적다리 살을 베어 매에게 준 것이다. 그러자 매가 말했다.

"나는 비둘기 무게만큼의 살을 원합니다."

왕은 저울을 가져다가 베어 낸 살덩이와 비둘기의 무게를 달아 보았다. 그런데 비둘기의 무게가 훨씬 무거웠다. 왕은 남은 한쪽 다리의 살도 베어 합쳐 보았지만, 여전히 비둘기가 무거웠다. 왕은 계속해서 양쪽 뒤꿈치, 양쪽 엉덩이, 양쪽 가슴의 살도 베어 무게를 달았지만, 그래도 비둘기보다 가벼웠다.

《본생경》*

이 이야기는 《본생경》이라는 경전에 실린 내용을 요약한 것입니다. 여기에 등장하는 왕은 부처의 전생 모습 중 하나입니다.

다시 이야기로 돌아가서, 어떻게 해야 저울이 평형을 이룰 수 있을까요? 먼저, 질문 하나 해 보지요. 비둘기, 매, 사람을 저울에 올리면, 어느 것의 몸무게가 가장 무거울까요? 너무 쉽지요. 그럼 질문을 조금 바꿔서 다시 물어볼게요. 그들의 생명을 저울에 달아 본다면, 생명의 무게는 누가 가장 무거울까요?

이제 자비심 많은 왕이 어떻게 했을지 짐작되나요? …… 네, 맞습니다. 왕은 결국 자신이 직접 저울에 올라가야 한다는 것을 깨달았습니다. 비둘기가 작다고 해서 왕의 넓적다리 살만큼만 가치가 있는 것은 아닙니다. 왜냐하면 비둘기도 하나의 생명이고, 왕도 하나의 생명이기 때문입니다. 비둘기와 매와 왕의 생명 무게는 똑같은 것입니다.

모든 생명은 평등합니다. 크기, 생김새, 타고난 능력이나 습성은 달라도 생명의 무게, 즉 생명의 가치는 똑같습니다. 장일순*은 그 이유를 이렇게 설명합니다.

---

*《본생경本生經》: 부처가 인간으로 태어나기 전에 겪었다는 전생의 이야기를 모아 놓은 책. 약 540여 개의 재미있고 교훈적인 이야기를 통해 부처 전생의 공덕을 기리고, 선행을 실천할 것을 권한다. 한글 번역본으로 《전설속의 부처님》, 《부처님 전생 이야기》(전 2권), 《본생경》(전 5권) 등이 있다.

생명의 진수가 물질 하나에 다 있다 이 말이야. …… 가만히 생각해 봅시다. 이 머리털은 사람이 없으면 안 되겠지? 사람은 그 부모가 없으면 안 되겠지? 부모는 또 그 부모의 부모가 없으면 안 되겠지?

그 부모나 나는 천지만물, 하늘과 땅이 없으면 안 되겠지? 그렇게 따지고 보면 터럭 속에 전 우주가 있는 것이 아니겠어요? ……

나락 한 알 속에도, 아주 작다고 하는 머리털 하나 속에도 우주의 존재가 내포되어 있다 그 말이에요.

《나락 한알 속의 우주》 〈나락 한알 속에 우주가 있다〉

좀 어렵나요? 쌀 한 톨을 생각해 봅시다. 쌀 한 톨이 열리기 위해 하늘, 땅, 비, 바람, 농부의 땀 등이 필요하겠지요? 다시 말해서, 쌀 한 톨에는 이 모든 것들이 깃들어 있지요. 어디 쌀 한 톨만

＊ **장일순**張壹淳(1928~1994): 한국의 생명운동가, 교육자. 서울대학교 미학과를 다니다가 고향인 강원도 원주에 내려가 대성학원을 설립하는 등 교육 사업에 힘썼다. 1970년대 후반부터 농촌과 도시의 생태적 공생을 꿈꾸며 한살림운동을 주도하였다. 그는 가톨릭 신자였으나 유학, 노자와 장자, 불교 그리고 동학사상에도 조예가 깊었다. 특히 동학사상을 중심으로 생명운동을 전개하였다. 평생 글을 쓰지 않았으나, 그와 이 아무개의 대담을 정리한 《무위당 장일순의 노자 이야기》가 있다.

그런가요. 우리의 머리털 하나에도 우리를 낳아 주신 부모님은 물론 하늘과 땅, 세계의 온갖 것들이 들어와 있지요. 그러니 이 세계에 존재하는 모든 것들이 우주를 담고 있다고 말할 수 있는 것이지요.

여러분도 우주를 담고 있고, 비둘기도 우주를 담고 있으며, 민들레도 우주를 담고 있습니다. 따라서 여러분과 비둘기와 민들레는 동등한 생명의 무게를 갖습니다. 그래서 장일순은 또 이렇게 말합니다. "입 가지고 육체를 가지고 살아가는 물건에게는 천지간에 살아야 할 권리가 있다." 우리 인간이 살 권리를 갖고 있듯이 비둘기도 민들레도 모두 똑같이 살 권리를 갖고 있다는 말입니다. 생명의 무게가 같다는 것은 모든 생명은 똑같이 살아갈 권리를 갖는다는 뜻입니다. 모든 생명은 평등하기 때문입니다.

우리의 몸은 죽어서 어디로 갈까? - 생명의 순환성

모든 살아 있는 생명의 무게는 같습니다. 모든 생명은 동등한 가치를 가지며, 똑같이 살아갈 권리를 갖습니다. 그런데 한 가지 더 알아야 할 것이 있습니다. 모든 살아 있는 생명은 죽음 앞에서도 평등하다는 것입니다.

모든 살아 있는 생명은 결국 죽음을 맞이합니다. '살아 있다'는 것은 사실상 '죽음을 향해 나아가고 있는 것'입니다. 우리가 하루를 살았다면 그만큼 더 죽음에 가까이 다가간 것이겠지요. 그렇게 조금씩 다가가다 보면, 어느 날 문득 죽음이 우리 앞에 서 있을 것입니다.

이렇게 생각하다 보니, 죽음이 생명의 끝인 것 같습니다. 죽음이 마치 막다른 골목의 끝에서 만나는 미지의 어둠처럼 보이기도 하네요. 그래서 사람들이 죽음을 두려워하는지도 모르겠어요. 하지만 정말 그렇기만 할까요? 생명의 순환이라는 측면에서 보면, 다르게 보이기도 합니다.

생명은 서로에게 생명을 주고 먹고 나눈다. 그렇게 생명은 돌고 돈다. 사람은 꽃게를 먹고 꽃게는 고둥을 먹고 고둥은 갯벌 표면의 유기물을 긁어 먹는다. 갯벌의 유기물은 사람 그 자체 또는 사람이 내어 놓은 온갖 똥 덩어리가 잘게 쪼개진 입자다. 어떤 이유로 떨어져 죽은 괭이갈매기 한 마리는 평소 즐겨 먹던 게들에게 자신의 살을 모두 내주곤 아주 느리게 갯벌의 일부분이 된다. 이렇듯 갯벌에서는 사람도, 게도, 새도 하나의 끈으로 이어져 있다.

여상경, 〈갯벌, 그 살아 숨 쉬는 생명〉

사람은 죽어서 흙으로 돌아간다는 말이 있지요. 여기서는 사람도 꽃게도 괭이갈매기도 모두 갯벌로 돌아갔네요. 고둥은 죽어서 꽃게에게 먹히고, 꽃게는 죽어서 사람에게 먹힙니다. 그러나 그것이 끝이 아니죠. 사람은 죽어서 고둥의 먹이가 되고, 고둥의 몸속으로 들어가 다시 꽃게의 먹이가 됩니다. 마치 괭이갈매기가 게를 먹고 살다가 어느 날 죽어서는 게의 먹이가 되는 것처럼 말입니다.

어때요? 이런 생명의 순환에서 죽음이 두렵거나 슬픈가요? 죽음이 생명의 끝으로 보이나요? 살고 싶어 하는 한 마리 꽃게의 입장에서 보면, 죽음은 여전히 두렵고 슬픈 사건이며 생명의 끝으로 보입니다.

하지만 우리는 알고 있지요. 모든 생명은 결국 죽는다는 것을 말입니다. 한 생명이 죽었기 때문에 또 다른 생명이 살아갑니다. 한 생명의 죽음이 또 다른 생명의 시작인 것입니다.

이렇게 보면, 죽음은 생명의 순환을 가능하게 하는 연결 고리이고 생명의 시작입니다. 생명의 순환에서 보면, 죽음은 생명의 끝이 아니라 생명의 한 과정인 것입니다. 죽음은 생명에 포함된 것이지, 생명의 반대가 아니라는 뜻입니다. 그렇기 때문에 죽음은 두렵고 슬프기만 한 사건이 아니라 생명의 순환을 가능하게 하는 경이로운 현상이기도 합니다.

여러분 혹시 권정생*의 《강아지똥》이라는 동화를 읽어 봤나요? 돌이네 흰둥이가 똥을 눴는데, 그것이 강아지똥입니다. "똥 중에서도 가장 더러운 개똥"이라는 소리를 들은 강아지똥은 스스로 "아무짝에도 쓸 수 없을" 것이라며 낙담했지요. 그러던 어느 봄날 강아지똥 옆에 민들레 싹이 돋아났어요. 민들레는 꽃을 피우기 위해 비와 햇빛 이외에 꼭 필요한 것이 있다며 말했습니다.

"네가 거름이 돼 줘야 한단다."
"내가 거름이 되다니?"
"네 몸뚱이를 고스란히 녹여 내 몸 속으로 들어와야 해.
그래야만 별처럼 고운 꽃이 핀단다."
"어머나! 그러니? 정말 그러니?"
강아지똥은 얼마나 기뻤던지
민들레 싹을 힘껏 껴안아 버렸어요.

---

* **권정생權正生**(1937~2007): 한국의 아동문학가, 수필가, 시인. 권정생은 일제 강점기, 6·25 전쟁 그리고 근대화의 과정에서 가난하고 소외된 사람들의 삶에 관심을 가졌다. 그의 작품 속 주인공은 하나같이 힘없고 약하지만, 권정생은 그들의 삶에서 사랑과 희망을 발견한다. 모든 생명에 대한 따뜻한 시선과 애정이 그의 작품에 담겨 있다. 대표작으로 《강아지똥》, 《몽실 언니》, 《무명저고리와 엄마》, 《우리들의 하느님》 등이 있다.

비는 사흘 동안 내렸어요.

강아지똥은 온몸이 비에 맞아 자디잘게 부서졌어요…….

부서진 채 땅속으로 스며들어가 민들레 뿌리로 모여들었어요.

줄기를 타고 올라가 꽃봉오리를 맺었어요.

……

방긋방긋 웃는 꽃송이엔 귀여운 강아지똥의

눈물겨운 사랑이 가득 어려 있었어요.

《강아지똥》

강아지똥이 비를 맞아 자디잘게 부서진 것은 죽음을 뜻합니다. 더럽고 쓸모없을 것 같았던 강아지똥의 죽음이 어떻게 보이나요? 더 이상 강아지똥은 이 세상에 존재하지 않습니다. 그렇다면 완전히 사라진 것일까요?

강아지똥의 '몸뚱이'는 '거름'이 되었습니다. 그 '거름'은 다시 민들레의 줄기가 되고 마침내 꽃이 되었지요.

민들레꽃이 피었을 때쯤, 그 꽃을 보는 사람들 중에 강아지똥을 기억하는 사람은 아마도 없을 거예요. 그렇다고 강아지똥이 완전히 사라졌다고 할 수도 없지요. 아무도 기억하는 사람이 없으면 슬플까요? 아마 얼마 동안은 그럴지도 모르겠어요.

하지만 우리 몸을 이루고 있는 뼈와 살도 역시 예전에는 누군가의 '몸뚱이'였을 겁니다. 그 수많은 '몸뚱이'들이 우리의 '거름'이 되고 영양분이 되었기 때문에 우리가 살아 있는 거 아니겠어요? 그 수많은 '몸뚱이'들이 우리 몸을 통해서 살아 있듯이, 우리 몸은 또 다른 '몸뚱이'의 '거름'이 되어 살아 있는 것일지도 모르겠어요.

서로가 서로에게 '거름'이 되고 '몸뚱이'가 되는 것이 생명의 순환입니다. 생명에게 순환은 필수적입니다. 먼저 우리의 몸을 볼까요? 우리 몸은 혈액이 순환하기 때문에 살 수 있습니다. 혈액은 몸의 구석구석을 순환하면서 영양분을 공급하고 또 노폐물을 거두어들입니다. 혈액이 순환하지 않으면 우리 몸은 36.5도를 일정하게 유지할 수도 없지요.

순환은 우리 몸속에서만 이루어지는 것이 아닙니다. 우리는 음식물을 먹고 산소를 들이마셔야만 살 수 있습니다. 물론 소화하고 남은 노폐물과 이산화 탄소 등은 몸 밖으로 배출해야 하지요. 우리 몸은 외부 세계와 물질을 주고받는 순환을 통해 살아가고 있는 것입니다.

그렇다면 우리가 먹는 음식물과 들이마시는 산소는 또 어떻게 생겨날까요? 태양이 있어야 하고, 기름진 땅도 있어야 하며, 맑은 물도 있어야 합니다. 어디 그뿐인가요? 햇빛과 물을 통해 자라는 각종 식물과 그 식물을 먹고 살아가는 각종 동물, 그리고 지구를 청소해 주는 각종 미생물, 곤충 등등이 있어야 합니다. 그리고 이들은 모두 생명의 순환 속에서 살아 있어야 합니다. 인간도 이 생명 순환의 일부로서 함께 순환해야 비로소 살 수 있지요.

이 거대한 생명 순환의 그물이 끊어지면 우리는 살 수 없습니다. 태양이 없어도 이 그물은 끊어집니다. 식물이 없어도, 미생물이 없어도 이 그물은 끊어집니다. 그리고 죽음이 없어도 이 생명 순환의 그물은 끊어집니다. 죽음은 생명을 이어 주는 연결 고리이고, 생명 순환의 일부입니다.

죽음을 생명 순환의 일부로 이해한다면, 장자의 다음 이야기를 이해할 수 있을 것입니다.

죽음과 생명은 운명이다. 그것은 마치 밤과 낮이 주기적으로 바뀌는 것처럼 자연스러운 현상이며, 인간이 관여할 수 없는 부분이 있다. …… 그러므로 자신의 생명을 잘 사는 것이 곧 자신의 죽음을 잘 맞이하는 길이다.

《장자》〈대종사〉*

한 개인에게 죽음이란 사랑하는 가족과 친구들 그리고 이 세계와의 영원한 이별을 의미합니다. 그래서 우리는 죽음을 두려워하고 슬퍼하기도 합니다. 하지만 죽음을 피할 수도 없습니다. 그것은 마치 밤과 낮이 주기적으로 바뀌는 것처럼 인간의 힘으로 어쩔 수 없는 부분입니다.

장자는 이 사실을 인정합니다. 장자는 죽음을 자기 생명의 일부로 받아들인 것입니다. 죽음을 인정하고 받아들이면 어떻게 될까요? 언젠가는 반드시 맞닥뜨릴 죽음을 미리 걱정하는 것은 어리석은 일이 됩니다. 죽음보다는 죽음 이전의 순간, 즉 살아 있는 지금 이 순간이 중요해집니다. 죽음이 생명의 중요성을 알려 주는 것이지요. 그래서 장자는 지금을 잘 사는 것이 죽음을 잘 맞이하는 방법이라고 말한 것입니다.

지금 살아 있나요? –사랑과 행복 추구

모든 살아 있는 생명은 살고자 합니다. 죽기 싫은 거지요. 하지만 단순히 죽지 않고 살아 있기만 하면 만족할 수 있을까요? 아니죠. 무언가 하고 싶고, 무언가 이루고 싶고, 무언가 되고 싶은 것이 있지요?

＊ 〈대종사大宗師〉: 《장자》 내편의 글. 〈대종사〉 편에서 장자는 도道와 이를 체득한 진인眞人에 대해서 다양한 이야기를 펼친다. 삶과 죽음, 종잡을 수 없이 변화하는 세계는 인간의 삶을 제약하지만, 진인은 이 변화와 한 몸이 되어 유유자적하게 살아간다.

그렇습니다. 살아 있는 생명은 살고자 할 뿐만 아니라 무언가를 추구합니다. 살아 있다는 것은 무언가를 추구한다는 것입니다. 이것 역시 모든 생명의 공통점입니다.

꽃은 암술과 수술이 만나 열매를 맺습니다. 동물은 암컷과 수컷이 만나 새끼를 낳습니다. 인간은 여자와 남자가 만나 아기를 낳습니다. 누가 시킨 것도 아닌데, 생명들은 이렇게 암수가 만나 후세를 낳고 종을 유지합니다.

여기에 생명의 비밀이 하나 더 있습니다. 바로 '사랑'입니다. 방식은 다르지만, 모든 생명들은 자신의 배우자를 찾고 또 그 배우자에게 이끌립니다. 왜 그런지 잘 모릅니다. 멋진 이성을 보면 그냥 마음이 끌리고, 같이 있고 싶고, 만지고 싶습니다. 우리는 그렇게 무척이나 자신의 짝을 찾고 싶어 합니다.

암수의 배우자가 서로에게 이끌리는 것은 너무나 자연스러운 일입니다. 그리고 사랑하는 배우자끼리 후세를 낳는 것도 매우 자연스러운 일입니다. 아기를 낳으면 이제 사랑은 확대됩니다. 부모는 아이를 사랑하고, 아이도 부모를 사랑합니다. 이렇게 우리는 사랑하고 싶고, 또 사랑받고 싶어 합니다. 사랑을 추구하는 것은 살아 있다는 증거입니다.

우리는 또 잘 살고 싶어 합니다. 어떤 것이 잘 사는 것인지는 사람마다 생각이 다를 수 있습니다. 누군가는 건강한 삶을 이야기할 수 있고, 또 누군가는 성공한 삶을 이야기할 수 있습니다. 비록 생각은 다르더라도 모두 '행복'을 추구합니다.

인간 이외의 동식물에게 행복이라는 단어를 쓰기는 좀 어색해 보입니다. 하지만 그들도 넉넉한 먹이와 안전한 생존 조건을 원할 것입니다. 이것이 그들이 추구하는 행복일 수 있습니다. 서로 요구하는 것은 다르지만, 모든 생명은 행복을 추구한다고 말할 수 있습니다.

지금까지 살아 있는 생명은 사랑과 행복을 추구한다는 것을 알아봤습니다. 그런데 이 사랑과 행복이라는 주제는 그렇게 간단하지 않습니다. 그래서 이곳에서는 조금밖에 이야기하지 못했습니다. 이 책의 다른 곳에서 이야기하고 있으니 그 부분을 참고해 주세요.

이제 여러분에게 마지막 질문을 해야겠습니다. "당신은 지금 살아 있나요?" 또 싱거운 질문을 했나요? 지금까지 우리가 함께 나눈 이야기를 되새기며 다시 한 번 생각해 보세요. 과연 자신이 지금 살아 있는지 말입니다.

살아 있다는 것은 욕망한다는 것입니다. 따라서 "지금 살아 있나요?"라는 질문을 "지금 자신의 욕망을 실현하며 살고 있나요?"라고 바꿀 수 있습니다. 조금 더 구체적으로 물을 수도 있습니다. "지금 자유로운가요? 하고 싶은 것을 하고 있나요? 무언가 이루려고 애쓰고 있나요? 사랑하고 있나요? 행복한가요?"

앞에서 보았던 자화자의 말을 떠올려 보세요. 그는 생명의 욕망이 억눌린 삶은 죽음보다 못하다고 했습니다. 패트릭 헨리의 말을 되돌아보세요. 그는 자유가 없는 삶이라면 차라리 죽음을 달라고 했습니다. 또 장자는 이렇게 말합니다.

마음의 죽음이 가장 슬프고, 몸의 죽음은 그다음이다.

《장자》〈전자방〉*

가장 슬픈 것은 '육체의 죽음'이 아닙니다. 육체의 죽음보다 더 비참한 것은 마음이 죽어 버린 상태입니다. '마음의 죽음'이란 자기 생명의 욕망을 포기한 것입니다. 하루하루가 만족스럽지 않은데도 그냥 사는 것, 그것이 마음이 죽은 사람의 삶입니다.

생명은 단순히 숨을 쉬고 있는 것을 의미하지 않습니다. 하루하루가 만족스럽지 않다면, 왜 그런지 이유를 찾아야 합니다. 자신이 원하는 것이 있다면, 그것을 실현하려 애써야 합니다. 그렇

---

* 〈**전자방**田子方〉: 《장자》 외편의 글. 〈전자방〉 편에서는 온전한 덕을 가진 군자와 세상을 휘젓고 다니는 지인至人, 하늘과 땅을 가득 채우는 진인眞人에 대해 논하고 있다.

게 이유를 찾고 좋아하는 것을 하려는 사람의 마음은 살아 있는 마음입니다. 그런 사람이 진정으로 살아 있는 사람입니다. 생명의 불꽃은 뭔가를 추구하는 과정에서 살아나기 때문입니다.

생명은…

살아 있는 생명은 각자의 욕망을 발현하며 자유롭게 살고자 합니다. 또한 모든 생명은 동등한 가치를 가지며, 똑같이 살아갈 권리를 갖습니다. 지금 자유로운가요? 하고 싶은 것을 하고 있나요? 무언가 이루려고 애쓰고 있나요? 사랑하고 있나요? 행복한가요?

2 세상과 마주하기

사랑 ———

관계를 유지하는 힘

이임찬

프리드리히 니체

여러분이 어쩌다가 무인도에 홀로 남겨졌다고 해 봅시다. 어떻게 하겠어요? 아마도 섬의 이곳저곳을 돌아다니며 먹을거리를 찾겠지요? 안전한 잠자리도 마련하려 하겠고요. 다행히 그 섬은 물고기와 과일이 풍부하고 안전한 곳입니다. 음식과 잠자리 문제를 비교적 쉽게 해결했네요. 일단 생존하는 데는 큰 문제가 없겠어요.

그럼 이제 어떻게 할까요? 구조를 기다리거나 스스로 무인도를 탈출할 계획을 세우겠지요? 그런데 불행히도 그 섬은 파도가 높아 혼자 힘으로는 탈출할 수 없는 곳입니다. 어쩔 수 없이 구조를 기다릴 수밖에 없습니다. 하루가 가고, 열흘이 가고, 기약 없이 애타게 구조를 기다립니다.

아, 잠깐만요. 그런데 왜 그 섬을 벗어나려 애쓰는 걸까요? 생존에 전혀 문제가 없는데 말입니다. 그냥 그 섬에서 혼자 살면 안 되나요? 평소 여러분을 괴롭히던 시험도 없고, 지긋지긋한 부모님의 잔소리도 없잖아요. 그래도 구조되고 싶다고요? 왜지요?

무엇 때문에 여러분은 애타게 구조를 바랄까요? 이렇게 물어볼 수도 있겠군요. 그 섬에는 무엇이 부족한가요? 뭔가 부족하기 때문에 떠나려는 거잖아요. 사람, 특히 가족과 친구들이 없군요.

알라딘의 램프 요정 '지니'가 여러분에게 가족과 친구들을 데려다주었습니다. 그러면 섬에서 살겠어요? 아니라고요? 그럼 무엇을 더 가져다줄까요? 학교, 방송국, 강아지, 스마트폰, 악기, 피자 등등? 어휴, 그냥 본래 살던 곳으로 데려다 달라고 하는 게 낫겠네요.

자, 이제 다시 이 사회 안으로 돌아오지요. 무인도에서의 생활과 사회에서의 생활, 이 두 가지는 어떻게 다를까요? 무인도에서는 외롭지요. 홀로 구조를 기다릴 때, 가장 견디기 힘든 것은 아마도 외로움일 것입니다. 물론 평생 혼자 섬에서 살지도 모른다는 두려움도 있겠지요.

이런 종류의 외로움이나 두려움은 '관계'의 부재에서 오는 것입니다. 우리는 가족, 친구, 이웃 등과의 관계 속에서 안정감을 느끼며 살아갑니다. 사회는 이런 다양한 관계들을 우리에게 제공해 줍니다. 어디 그뿐인가요? 우리는 동물이나 어떤 물건, 심지어 눈에 보이지 않는 음악이나 신과도 관계를 형성합니다. 인간은 매우 다양하고 복잡한 관계 속에서 사는 거지요.

그렇다면 이런 다양한 관계들은 어떻게 유지될 수 있을까요? 가령, 지구와 달이 함께 태양의 주위를 도는 것은 그것들 사이에 서로를 끌어당기는 힘이 작용하기 때문입니다. 이 힘을 인력이라고 합니다. 그럼 여러분과 어떤 대상이 관계를 맺고, 나아가 그 관계를 유지하는 데는 과연 어떤 힘이 작용하고 있을까요? 우리는 이 힘을 '사랑'이라 부를 것입니다. 이제 이 사랑에 대해 이야기해 볼까요?

지금 사랑하고 있나요?- 사랑의 대상과 표현들

오래된 영화에 나올 법한 상황을 한번 만들어 볼까요? 어느 날 철수가 급히 뛰어가다가 맞은편에서 달려오던 영희와 부딪칩니다. 어쩌겠어요? 서로 사과하고, 부랴부랴 떨어진 물건들을 줍고 그러겠지요. 그러다 서로 상대방의 휴대 전화를 자기 것인 줄 알고 가져갑니다. 두 사람은 우연히 똑같은 휴대 전화를 사용하고 있었거든요. 오호! 이제 두 사람은 다시 만날 이유가 생겼네요.

좀 흔해 빠진 이야기지요? 하지만 가만히 생각해 보면, 남녀의 사랑을 다루는 영화들 대부분이 이런 구조를 갖습니다. 서로 모르던 두 사람이 우연히 만나고, 다시 또 여러 차례 만날 기회들이 생깁니다. 그러다가 사랑을 시작하는 거지요. 이 과정을 어떻게 그리느냐가 영화의 재미를 좌우하기도 합니다.

이 흔한 이야기를 통해 우리는 사랑을 이해할 수 있습니다. 먼저, 사랑은 혼자 할 수 없습니다. 무엇보다 '나'가 있어야 하고, 또 상대방이 있어야 합니다. 설사 짝사랑을 하더라도 그 짝사랑의 대상이 있어야 가능하지요.

그다음에는 '나'와 상대방이 만나야 합니다. 만나지 않으면 아무 일도 생기지 않습니다. 그럼, 만난다는 것은 어떤 의미일까요? 여러분은 새 학기에 새로운 친구를 만나면 어떻게 하나요? 서로 자신을 소개하고, 이런저런 시시한 이야기도 나누지요. 자신을 소개한다는 것은 자신을 상대방에게 공개하는 것입니다. 이런저런 시시한 이야기 속에서도 각자의 생각이나 성격이 드러나지요. 역시 서로를 서로에게 공개하는 것입니다.

여러분은 자신을 공개하고 상대방도 자신을 공개합니다. 여러분은 자신을 공개하는 동시에 상대방을 이해합니다. 상대방 역시 자신을 드러내는 동시에 여러분을 알아 가지요. 만남은 이렇게 서로를 알아 가는 과정입니다.

하지만 두 사람이 만났다고 해서 다 친해지거나 사귀는 건 결코 아니지요. 친하거나 사귀는 두 사람 사이에는 특별한 무엇이 있습니다. 바로 사랑이라는 감정입니다. 모르던 두 사람이 만나서 서로 보살피고 아껴 줍니다. 모르던 두 사람이 관계를 맺고 서로 그리워하고 소중하게 생각합니다. 사랑은 이렇게 관계를 발생시키고 유지시키며, 두 사람을 결합하게 하는 힘입니다.

그럼, 한 가지 물어볼게요. 여러분은 지금 사랑하고 있나요? 아니라고요? 음, 혹시 멋진 남학생이나 예쁜 여학생만 생각하고 있는 건 아니겠지요? 사랑에는 여러 가지 다른 이름들이 있습니다. 예를 들어 볼게요. 우리는 이런 말들을 합니다. "얘들아, 사랑한다.", "엄마, 아빠, 사랑합니다.", "언니, 사랑해." 가족들끼리 나누는 사랑입니다.

부모님이 여러분에게 베푸는 사랑과 여러분이 부모님께 갖는 사랑의 느낌이 조금 다르지요. 그래서 이름을 다르게 부릅니다. 부모님이 자식을 사랑하는 것을 '자慈' 또는 '자애慈愛'라고 하지요. 그럼, 자식이 부모님을 사랑하는 것을 뭐라고 할까요? 예, 맞아요. '효孝'라고 합니다. 그래서 부모님을 사랑하지 않는 자식을 불효자라고 하는 거지요. 형제자매 사이의 사랑은 '제悌'라고도 하고 '우애友愛'라고도 합니다. 형제간에 우애 있게 지내라는 말을 들어봤을 거예요.

또 이런 말들도 있지요? "친구야, 사랑한다." 친구 사이의 사랑은 '우정友情'이라고 하지요. "자기야, 사랑해." 딱 봐도 남녀 사이의 사랑이지요. 이런 사랑은 '연애戀愛'라고 하지요. 그 밖에도 많은 사랑의 표현이 있습니다. 자신에 대한 사랑은 '자기애', 민족에 대한 사랑은 '민족애', 인류에 대한 사랑은 인류애 또는 '박애博愛'라고 합니다. 물론 동물을 사랑하기도 하고, 음악을 사랑하기도 하며, 신을 사랑하기도 합니다. 신과 인간 사이의 사랑은 '아가페agapē'라고 하지요.

아, 지혜에 대한 사랑도 있습니다. 철학을 영어로 '필로소피philosophy'라고 하지요. 이 말은 본래 그리스어 '필로소피아philosophia'에서 나온 말입니다. '필로philo'는 '사랑하다', '좋아하다'라는 뜻의 접두사이고, '소피아sophia'는 '지혜'라는 뜻입니다. 그러니까 '필로소피아'는 '지혜를 사랑한다'는 뜻입니다. 지혜를 사랑하는 학문이 철학인 것입니다.

사랑에는 왜 이렇게 다양한 이름들이 있을까요? 사랑하는 둘 사이의 관계가 다르기 때문입니다. 부모와 자식, 친구와 친구, 남자와 여자, 인간과 신, 인간과 지혜 등, 사랑이 작용하는 관계가 다르면, 그 사랑을 표현하는 방식이 다를 수밖에 없겠지요? 그래서 다른 이름들을 사용하는 겁니다. 그러나 사랑은 그냥 하나의 사랑일 뿐이지요.

자, 다시 물어볼까요? 당신은 지금 사랑하고 있나요? 지금 누군가가 보고 싶다면, 당신은 사랑하고 있는 것입니다. 무언가 하고 싶다면, 당신은 사랑하고 있는 것입니다. 무언가를 소중하게 여긴다면, 당신은 사랑하고 있는 것입니다. 누군가를 위해 눈물을 흘리고 있다면, 당신은 사랑하고 있는 것입니다. 당신이 사랑한다는 것은 당신이 지금 살아 있다는 증거입니다.

사랑은 어떻게 시작될까?- 사랑의 시작

모든 살아 있는 생명은 사랑을 합니다. 식물의 암술과 수술, 동물의 암컷과 수컷, 그리고 여자와 남자가 만나서 후세를 낳고 종을 유지합니다. 어떤 힘이 암수의 배우자를 서로 이끌리게 하고, 또 하나로 결합하게 할까요? 앞에서 우리는 이 힘을 사랑이라고 불렀습니다. 사랑은 모든 생명이 타고난 능력입니다.

사랑은 암수의 배우자 사이에서만 나타나지 않습니다. 앞에서 보았듯이, 사랑은 부모와 자식, 친구와 친구, 인간과 동물 등 우리 인간이 맺는 다양한 관계에서 다양한 방식으로 나타납니다. 그럼 이런 사랑은 어떻게 시작되는 걸까요?

그리스의 철학자 플라톤*은 사랑이 '결핍'에서 시작한다고 보았습니다. 그리스 신화를 보면 사랑의 정령이 나옵니다. 바로 에로스Eros입니다. 에로스는 풍요와 충족의 신 포로스Poros와 결핍과 가난의 여신 페니아Penia 사이에서 태어났습니다. 그래서 다음과 같은 특징을 갖습니다.

> 에로스는 첫째, 어떤 것들에 대한 사랑이고, 둘째, 어떤 것들이란 그에게 결핍된 것들이다.
>
> 《향연》*

어머니의 영향으로 에로스는 항상 가난하고 부족한 것이 많습니다. 하지만 또 아버지의 영향으로 풍요를 그리워하고 결핍된 것들을 채우려 합니다. 에로스는 자신에게 결핍된 것을 알아차리

---

* 플라톤Platon(B.C.427?~B.C.347?): 고대 그리스의 철학자. 소크라테스의 제자이며, 아리스토텔레스의 스승이다. 아테네의 귀족 가문에서 태어난 플라톤은 당시 귀족의 자제들처럼 정치에 종사하려 했다. 그러나 아테네의 정치적 혼란과 스승 소크라테스의 사형을 본 플라톤은 철학에 헌신하기로 결심한다. 그의 이데아론과 국가론 등은 소크라테스의 사상을 발전시키고, 사회적 병폐를 극복하려는 노력의 결과물이었다. 또한 그는 대학교의 원조라고 할 수 있는 아카데메이아academia를 설립하여 제자의 양성과 연구에 몰두하였다. 《소크라테스의 변론》, 《프로타고라스》, 《국가론》, 《향연》, 《티마이오스》, 《법률》 등 수많은 저작이 있다.

* 《향연》: 플라톤의 중기 대화편 중의 하나로서 에로스(사랑)에 대해 논의한다. 기원전 416년 비극 작가 아가톤Agathon이 비극 경연에서 우승한 것을 자축하는 연회를 열었다. 이때 참석자들은 에로스에 대해 다양한 견해를 제기한다. 플라톤은 에로스가 영원불변하며 아름다움 그 자체인 이데아에 대한 사랑에서 완성된다고 주장한다.

고, 그것을 충족시키려 하는 사랑을 상징합니다.

플라톤의 설명에 따르면, 남자와 여자는 모두 다 부족한 점이 있습니다. 그래서 둘이 결합하여 완전한 하나가 되고 싶어 하지요. 우리의 삶도 부족한 것이 많습니다. 그래서 완전한 신을 사랑하기도 하고, 지혜를 사랑하기도 합니다. 신은 우리에게 무한한 위안을 주고, 지혜는 우리를 보다 풍요롭게 살 수 있도록 해 주니까요.

어때요? 플라톤의 설명이 마음에 드나요? 이번에는 동양의 철학자 맹자의 이야기를 들어 볼까요. 맹자는 부모와 자식 사이에서 사랑이 시작된다고 보았습니다.

사람이 배우지 않고도 할 수 있는 것은

그 타고난 능력 때문이고,

생각하지 않고도 알 수 있는 것은 그 타고난 앎 때문이다.

배냇짓하는 갓난아이도 어버이를 사랑할 줄 모르지 않고,

성장해서는 형을 공경할 줄 모르지 않는다.

부모와 자식이 서로 사랑하는 것이 인仁인데,

……

이는 다른 것이 아니라 천하 사람들에게 공통된 것이다.

《맹자》〈진심상〉

자전거는 배워야 탈 수 있습니다. 자전거를 만들려면 곰곰이 생각해야 하고요. 하지만 사랑은 그렇지 않습니다. 사랑은 배우지 않아도 할 수 있고, 생각하지 않아도 알 수 있는 것입니다. 무슨 의미일까요? 사랑은 모든 사람들이 태어나면서부터 갖고 있는 공통적인 능력이라는 뜻입니다.

맹자는 사람에게 이런 사랑의 능력이 있다는 것을 어떻게 알아냈을까요? 그는 갓난아이와 부모를 유심히 관찰했습니다. 갓난아이는 누가 가르쳐 주지 않았는데도 부모를 사랑합니다. 부모역시 자기 아이를 보면 저절로 사랑의 마음이 솟아나고요.

맹자는 이런 사실에서 두 가지를 알아냈습니다. 하나는 인간에게 타고난 사랑의 능력이 있다는 것입니다. 다른 하나는 이런 사랑의 능력이 부모와 자식 사이에서 처음으로 시작된다는 것입니다. 이렇게 타고난 사랑을 '인仁'이라고 부릅니다.

타고난 사랑의 능력이 부모 자식 사이에서 처음으로 나타나지만, 이 사랑은 얼마든지 다른 대상으로 확대될 수 있습니다. 어떻게 확대될 수 있을까요? 맹자는 모든 사람들이 측은지심*을 갖는다고 보았습니다. 측은지심이란 타인의 고통이나 아픔에 공감하는 마음입니다.

가령 어떤 사람이 어린아이가 우물에 빠지려는 것을 갑자기

보았다면, 누구나 깜짝 놀라며 측은하게 여기는 마음을 갖게 될 것이다. 이것은 어린아이의 부모와 교분을 맺기 위해서도 아니고, 마을 사람들이나 친구들로부터 칭찬을 받기 위해서도 아니다.

......

사람이 이런 마음을 가지고 있는 것은 팔다리를 갖고 있는 것과 같다.

《맹자》〈공손추상〉

텔레비전에서 지진 때문에 고통스러워하는 사람들을 본 적이 있지요? 어땠어요? 먼 외국 사람들의 일이지만 안타까운 마음이 들지 않았나요? 그들은 우리 가족도 아니고 친구도 아닙니다. 그러나 우리는 모르는 사람들의 고통이나 아픔을 함께 느끼고 아파합니다. 타인의 고통에 공감하는 것이지요.

---

* **측은지심惻隱之心**: 맹자는 인간의 타고난 본성이 선하다는 성선론을 주장했는데, 그 근거로 사단四端(네 가지 좋은 씨앗)을 제시한다. 측은지심은 타인의 고통에 공감하는 마음으로서 인仁의 씨앗이고, 수오지심羞惡之心은 자신과 타인의 옳지 못한 점을 부끄러워하는 마음으로서 의義의 씨앗이며, 사양지심辭讓之心은 타인에게 양보하는 마음으로서 예禮의 씨앗이고, 시비지심是非之心은 옳고 그름을 판단하는 마음으로서 지智의 씨앗이다. 이처럼 인간은 좋은 씨앗을 타고나기 때문에 선하며, 이 씨앗을 잘 자라게 해야 한다는 것이 맹자의 주장이다.

마치 우리가 태어나면서부터 팔다리가 있는 것처럼, 이렇게 측은해하는 마음도 태어나면서부터 갖고 있는 마음입니다. 이 타고난 마음이 곧 사랑의 씨앗입니다.

다른 사람의 고통을 자신의 고통처럼 공감하는 마음이 강할수록 우리는 가만히 있을 수 없습니다. 그래서 우리는 불우 이웃 돕기 성금을 내기도 하고, 직접 봉사 활동에 참여하기도 합니다. 사랑의 씨앗이 싹트고 자라나는 것이지요.

타고난 사랑의 능력은 부모와 자식의 관계에서 처음으로 나타납니다. 그리고 그 관계에서 우리의 사랑은 자라나기 시작합니다. 이렇게 자라난 사랑은 빈자, 병자, 고아 등 고통 받는 사람들과 동물 등 모든 생명에게 확대될 수 있습니다. 인터넷에서 테레사 수녀Mother Theresa of Calcutta(1910~1997)와 알베르트 슈바이처Albert Schweitzer(1875~1965) 박사를 검색해 보세요. 사랑의 힘이 얼마나 위대한지 느끼는 기회가 되길 바랍니다.

'나' 없이 사랑할 수 있을까?- 자기 사랑

앞에서 부모와 자식, 친구와 친구, 남자와 여자, 인간과 신, 인간과 지혜 등 다양한 사랑의 관계가 있다고 했습니다. 그런데 여기에 아주 중요한 한 가지가 빠졌습니다. 바로 '나' 자신에 대한 사랑입니다.

여러분은 자기 자신을 사랑하나요? 만일 그렇다면, 어떻게 자신을 사랑해 주고 있나요? 만일 그렇지 않다면, 왜 자신을 사랑하지 않나요?

음, 먼저 여러분이 얼마나 소중한 사람인지 알았으면 좋겠어요. 여러분, 혹시 로또 1등에 당첨될 확률을 아나요? 약 800만분의 1입니다. 정확하게 말하면, 8,145,060분의 1이지요. 어때요? 당첨될 확률이 거의 없다고 봐야겠지요.

그런데 우리는 이보다 더 어려운 확률을 통과했습니다. 우리가 태어나기 위해서는 난자와 정자가 만나 수정에 성공해야 합니다. 그 확률은 무려 3억분의 1입니다. 로또 1등에 당첨되는 것보다 약 37배나 선택되기 어려운 확률이지요. 우리 한 사람 한 사람은 3억 마리의 정자 중에서 가장 빠르고 건강한 정자가 난자와 수정해서 태어난 능력자들입니다.

우리 대부분은 자신이 이런 능력자라는 것을 잊고 지냅니다. 당연하지요. 기억도 없는 일이니까요. 하지만 이것은 매우 중요한 사실입니다. 무언가 뛰어난 점이 없는 정자라면, 가장 먼저 난자와 만나 수정될 수 있었겠어요? 그리고 그 뛰어난 점이 지금은 없어졌겠어요? 당연히 그대로 있겠지요.

그런데도 우리는 자신을 다른 사람들과 비교하며 낙담하기도 합니다. 자신이 다른 사람들보나 못나 보이고 부족해 보이기도 하지요. 장자는 이 문제에 대해 이렇게 생각했습니다.

> 천리마는 하루에 천 리를 달릴 수 있지만 쥐를 잡는 것은 살쾡이만 못하다. 이는 재주가 다르기 때문이다. 부엉이는 밤에는 벼룩도 잡을 수 있고 털끝도 볼 수 있지만, 낮에 나오면 눈을 부릅뜨도 언덕이나 산을 보지 못한다. 이는 습성이 다르기 때문이다.
>
> 《장자》 〈추수〉

부엉이는 야행성입니다. 밤에는 사냥을 잘하지만, 낮에는 행동이 굼뜹니다. 타고난 습성이 그렇기 때문이지요. 마찬가지로 사람들마다 잘할 수 있는 일이 다릅니다. 사람들마다 습관도 다르고 성격도 다릅니다. 모든 사람들이 자신만의 개성을 갖고 있지요.

주위의 친구들을 한번 둘러보세요. 누군가는 말을 잘하고, 또 누군가는 말재주는 없지만 수학을 잘합니다. 누군가는 공부를 잘하고, 또 누군가는 운동이나 노래를 잘합니다. 물론 여러 가지를 함께 잘하는 친구들도 있지요. 부럽지요? 부러워해도 괜찮습니다. 부러워한다는 것은 여러분이 좀 더 멋진 사람이 되고 싶어 한다는 것이니까요. 여러분이 살아 있다는 증거입니다.

하지만 부러워하기만 하면 안 되겠지요? 왜냐고요? 여러분에게도 다른 친구들이 부러워하는 점이 있기 때문입니다. 없다고요? 아니요, 있습니다. 여러분은 3억 마리의 정자 중에서 가장 빠른 정자가 난자와 만나 수정해서 태어난 능력자이니까요. 그래도 아니라고요? 그럼 장자의 말을 들어 보지요.

내가 말하는 귀가 밝은 사람은
남의 말을 듣는 것이 아니라 자신을 들을 뿐이다.
내가 말하는 눈이 밝은 사람은
남을 보는 것이 아니라 자신을 볼 뿐이다.
무릇 자신을 보지 않고 남을 보며, 스스로 만족하지 못하고
남에게서 만족을 구하는 사람은 다음과 같다.
다른 사람이 원하는 것을 얻으려 하지,
자신이 원하는 것을 얻으려 하지 않고,
다른 사람이 좋아하는 것을 좋아하지,
자신이 좋아하는 것을 좋아하지 못한다.

《장자》〈변무〉*

---

* 〈변무駢拇〉: 《장자》 외편의 첫 번째 글. 〈변무〉 편은 명예, 이익, 권력 등에 대한 추구뿐만 아니라, 인의예지 등의 도덕적 가치 역시 인간의 참된 본성을 해친다고 경고한다.

여기서 장자가 말하는 눈과 귀가 밝은 사람은 자신을 사랑할 줄 아는 사람입니다. 그는 눈과 귀를 다른 사람에게 돌리지 않고 자신에게 향합니다. 자신이 무엇을 좋아하는지, 자신이 무엇을 원하는지를 보고 들으려 애쓰는 사람이지요. 그는 왜 그렇게 할까요?

다른 사람이 좋아하는 것을 좋아하는 사람은 자신이 좋아하는 것을 알 수 없습니다. 다른 사람이 잘하는 것을 잘하려고 하는 사람은 자신이 잘할 수 있는 것을 팽개쳐 버립니다. 천리마가 살쾡이를 부러워하고, 살쾡이가 천리마가 되고 싶어 하는 것과 같습니다. 하지만 그렇게 될 수 없지요.

여러분은 여러분입니다. 여러분은 여러분이 원하는 것이 있고, 여러분이 좋아하는 것이 있습니다. 다만 그것을 아직 발견하지 못한 경우가 많습니다. 그래서 눈과 귀를 자신에게 돌릴 필요가 있습니다. 그래서 자신을 사랑하고 아껴 줄 필요가 있습니다. 여러분이 여러분 자신을 사랑하지 않는다면, 여러분은 홀로 쓸쓸하게 남겨질 것입니다.

화초에 물을 주고 햇빛을 비춰 줘야 잘 자랍니다. 여러분 자신도 그렇게 잘 가꾸고 사랑해 줘야 합니다. 어떻게 자신을 사랑해야 할지 모르겠다고요? 자신을 사랑한다는 것은 자기 자신에게 관심을 갖는 것입니다. 자신의 마음이 하는 말을 듣는 것입니다.

자신이 좋아하는 것을 찾아보고, 자신이 원하는 일을 해 보세요. 비록 그것이 다른 사람의 눈에 하찮게 보인다 할지라도 꾸준히 해 보세요. 그러다 보면, 어느 순간 스스로를 사랑하고 있는 자신을 발견할 것입니다. 그리고 화초에서 꽃이 피듯이 자신만의 개성이 피어날 것입니다.

사랑하니까 구속한다?- 타인 사랑

여러분 중 누구도 다른 사람의 명령대로 살고 싶지는 않을 거예요. 그러나 여러분이 다른 사람이 원하는 것을 하려는 순간, 다른 사람이 잘하는 것을 따라 하려는 순간, 여러분은 이미 다른 사람에게 구속되는 것입니다. 마치 로봇처럼 자신만의 생각과 느낌이 없는 것이지요.

하지만 이 반대의 경우도 있습니다. 바로 다른 사람을 구속하려는 것입니다. 장자가 아주 재미난 이야기를 들려줍니다.

옛날에 바닷새 한 마리가 노나라 교외에 내려앉았다. 노나라 임금은 그 새를 궁궐로 데려와 술을 주고 음악을 연주하였으며, 쇠고기, 돼지고기, 양고기를 대접하였다. 새는 눈을 휘둥그렇게 뜨며 걱정하고 슬퍼하면서 한 조각의 고기도 먹지 못하고, 한 잔의 술도 마시지 못한 채 사흘 만에 죽어 버렸다.

이는 사람이 자신을 돌보는 방식으로 새를 돌본 것이지, 새를 돌보는 방식으로 새를 돌본 것이 아니다. 새를 돌보는 방식으로 새를 돌보려면, 마땅히 새를 깊은 숲 속에 살게 하고, 모래톱에서 노닐게 하며, 강이나 호수에서 헤엄치게 하고, 미꾸라지나 피라미를 잡아먹게 하며, 제 무리를 따라 살게 하여 스스로 만족스럽게 지내도록 해야 한다. 새는 사람의 말소리조차 듣기 싫어하는데, 어찌 저렇게 떠들썩하게 하는가!

《장자》〈지락〉

간혹 사랑한다는 이유로 상대방을 구속하지는 않나요? 상대방이 싫어하는 것을 억지로 시키지는 않나요? 물론 일부러 그러는 것은 아닐 거예요.

장자의 이야기에 등장하는 임금도 바닷새를 사랑했습니다. 그래서 자신이 좋아하는 고기 안주와 술을 주고, 음악까지 연주해 준 거지요. 임금은 최선을 다했다고 할 수도 있습니다.

그러나 새의 입장에서 보면 어떨까요? 임금은 새를 궁궐의 새장에 가두었습니다. 역겨운 냄새가 나는 고기와 술을 억지로 먹이려 합니다. 어디 그뿐인가요? 듣기만 해도 겁이 나는 이상한

소리가 끊임없이 들립니다. 새는 숲 속이나 물가에서 미꾸라지 등을 잡아먹으며 자유롭게 지내는 것을 좋아하는데 말입니다.

뭐가 잘못된 거지요? 임금은 바닷새를 이해하지 못했습니다. 임금은 바닷새가 무엇을 좋아하고 무엇을 싫어하는지 알려고 노력하지 않았습니다. 임금은 바닷새에게 관심을 갖지 않았습니다. 이런 무관심을 사랑이라 부를 수 있을까요? 사랑은 상대방을 이해하려 관심을 기울이는 것인데 말입니다.

또한 임금은 자신이 좋아하는 것을 바닷새에게 강요했습니다. 임금은 바닷새가 자신과 다르다는 것을 인정하지 않았습니다. 그래서 결국에는 자신이 사랑한다고 생각했던 바닷새를 죽이고 말았습니다. 이런 강요를 사랑이라 부를 수 있을까요? 사랑은 상대방을 스스로 만족할 수 있게 하는 것인데 말입니다.

심지어 어떤 사람은 상대방을 자신이 원하는 모습으로 조각하려 합니다. 이것도 사랑이라 부를 수 있을까요? 사랑은 상대방을 있는 그대로 받아들이는 것인데 말입니다.

장자는 이렇게 말합니다.

본래 긴 것은 남는다고 여기지 않고,
본래 짧은 것은 모자란다고 여기지 않는다.
이런 까닭에 물오리의 다리가 짧더라도,

길게 이어 주면 괴로워하고,

학의 다리가 길더라도, 짧게 잘라 주면 슬퍼한다.

그러므로 본래 긴 것은 잘라 낼 것이 아니며,

본래 짧은 것은 이어 줄 것이 아니다.

《장자》 〈변무〉

　여러분은 지금 어떤 사랑을 받고 있나요? 또 여러분은 지금 어떤 사랑을 하고 있나요? 우리는 모두 평범한 사람들입니다. 가족이나 친구들과 어울려 지내다 보면, 때로는 임금처럼 사랑하기도 하고, 때로는 장자처럼 사랑하기도 합니다. 임금처럼 사랑했다고 해서 심하게 자신을 꾸짖을 필요는 없습니다. 사랑은 오늘만 하고 그만둘 게 아니잖아요. 사랑은 조금씩 자신을 변화시키는 것이기도 합니다.

어떻게 사랑할까?- 참사랑 그려 보기

　자기를 사랑하는 사람은 다른 사람에게 구속되지 않습니다. 다른 사람이 원하는 것이 아니라, 자신이 원하는 것을 하는 사람입니다. 그는 자기 자신을 존중할 줄 압니다.

누군가를 사랑하는 사람은 상대방을 구속하지 않습니다. 그는 자신이 원하는 것을 상대방에게 강요하지 않습니다. 그는 상대방을 존중할 줄 압니다.

> 너는 노예인가? 그렇다면 너는 친구가 될 수 없다.
> 너는 폭군인가? 그렇다면 너는 친구를 사귈 수 없다.
>
> 《차라투스트라는 이렇게 말했다》* 〈벗에 대하여〉

프리드리히 니체*라는 철학자의 말입니다. 그는 무슨 말을 하고 싶은 것일까요?

첫째, 자기를 사랑하지 않는 노예 같은 사람은 누군가의 친구

---

* **《차라투스트라는 이렇게 말했다》**: 니체의 철학이 성숙한 경지에 오른 1883년에서 1885년 사이에 저술된 저작이다. "신은 죽었다"라고 선언한 니체는 신의 죽음 이후 허무주의가 도래할 것이라고 보았다. 그는 이 책에서 현대의 허무주의를 뛰어넘을 방법을 철학적 산문시로 써 내려간다.

* **프리드리히 니체**Friedrich Nietzsche(1844~1900): 독일의 문헌학자, 철학자. 니체는 자신을 "망치를 든 철학자", "그리스도교와 도덕주의에 반대하는 철학자"라고 했다. 이처럼 그는 전통적 도덕관념과 종교 관념, 플라톤과 같은 극단적인 관념론을 비판하면서 온갖 권위에 저항하는 철학을 전개하였다. 그의 철학은 현대 철학의 시작으로 평가되며, 서양의 철학과 문학에 큰 영향을 미쳤다. 《비극의 탄생》, 《인간적인, 너무나 인간적인》, 《반그리스도》, 《차라투스트라는 이렇게 말했다》, 《우상의 황혼》 등의 저작이 있다.

가 될 수 없습니다. 다시 말해서, 누군가의 사랑을 받을 수 없다는 뜻입니다.

'노예'는 주인의 소유물입니다. 주인이 명령하는 대로 움직이는 사람입니다. 노예는 스스로 자신을 멸시하며 주인을 섬깁니다. 자신을 사랑하지 않기 때문에 자기 자신을 멋진 사람으로 만들려 노력하지도 않습니다. 당연히 다른 사람들도 그를 사랑하지 않습니다. 그는 누군가의 친구가 될 수 없습니다.

둘째, 자기를 사랑하지 않는 폭군 같은 사람은 친구를 가질 수 없습니다. 다시 말해서, 누군가를 사랑할 수 없다는 뜻입니다.

폭군은 권력을 이용해 타인을 지배하는 사람입니다. 이런 폭군은 자신을 사랑하는 사람일까요? 겉보기에 그는 자신이 원하는 대로 하는 것 같습니다. 마치 자신만을 사랑하는 사람처럼 보일 수도 있지요. 그러나 폭군은 자신을 사랑하는 것이 아닙니다. 그는 권력에 집착하는 것입니다. 사실상 그는 권력의 노예입니다.

그뿐만이 아닙니다. 폭군은 자신을 사랑해 본 경험이 없기 때문에 다른 사람을 이해하지 못합니다. 폭군은 자신이 그렇듯이 다른 사람도 권력에 집착할 것이라고 생각합니다. 그래서 사람들을 적으로 생각하고, 그들을 자신의 노예로 만들려 합니다.

자신을 사랑하지 못하는 폭군은 스스로 권력의 노예가 되고, 또 사람들을 자신의 노예로 만듭니다. 이렇게 자신도 사랑하지 못하고, 다른 사람도 존중할 줄 모르는 폭군은 친구를 사귈 수 없습니다.

셋째, 자기를 사랑하는 사람들끼리 친구가 될 수 있습니다. 다시 말해서, 평등한 사람들끼리 사랑할 수 있습니다.

여러분도 살아 있는 하나의 생명이고, 상대방도 살아 있는 하나의 생명입니다. 여러분이 스스로를 소중하게 여기듯이 상대방도 자신을 소중하게 여깁니다. 여러분이 사랑받기를 원하듯이 상대방도 사랑받기를 원합니다. 여러분이 행복해지기를 원하듯이 상대방도 행복해지기를 원합니다. 이렇게 우리는 같은 소망을 갖고 있는 평등한 생명입니다.

자기를 사랑하는 사람은 우리가 평등하다는 것을 압니다. 그렇기 때문에 누군가의 노예가 되지도 않고, 또 누군가의 주인이 되지도 않습니다. 그런 사람은 누군가의 친구가 되고, 또 누군가를 친구로 삼습니다. 자기를 사랑하는 사람들끼리는 서로 친구가 될 뿐입니다.

친구끼리는 어떻게 사랑하나요? 친한 친구를 한번 떠올려 보세요. 둘 사이에서 누가 주인이고 누가 노예이고 그런가요? 그렇지 않지요. 여러분은 여러분이 원하는 것을 말하고, 친구는 친구가 원하는 것을 말합니다. 서로 원하는 것이 다르면, 함께 이야기하며 공통점을 찾아 갑니다. 그래서 우리는 친구와 함께 있으면 편안하고 즐겁습니다.

그럼 이번에는 남편과 아내, 부모와 자식 간의 사랑을 떠올려 보세요. 이 관계는 친구 사이처럼 평등하지 않다고요? 조금만 더 생각해 보세요.

남편과 아내의 관계는 남자와 여자가 사랑해서 맺은 관계입니다. 누가 주인이고 누가 노예인가요? 아빠가 주인인 거 같다고요? 그럼 아빠에게 한마디 하세요. "남녀는 평등하다!"라고요. 남자와 여자의 사랑도 친구끼리의 사랑처럼 평등한 사랑입니다. 다만 성별이 다를 뿐이지요.

부모와 자식의 관계는 어떨까요? 부모가 주인이고, 자식은 노예인가요? 그렇지 않지요. 여러분이 친구 같은 부모님을 좋아하듯이, 부모님도 여러분과 친구처럼 지내고 싶어 합니다. 왜 서로 친구처럼 지내고 싶을까요? 여러분은 부모님께 존중받고 싶고, 부모님은 여러분과 더 가까워지고 싶은 거겠지요.

여러분이 초등학생일 때와 지금을 비교해 보세요. 부모님이 여러분의 의견을 더 많이 들어 주지요? 여러분이 성장할수록 부모님은 여러분의 의견을 더 많이 존중할 것입니다. 여러분이 성장하듯이 부모와 자식 간의 사랑도 그렇게 성숙해집니다. 그만큼 더 평등해집니다.

에리히 프롬*이라는 철학자는 이렇게 말합니다.

사랑에서는 둘이 하나가 되는 동시에 둘로 남아 있는 역설이
생겨난다.

《사랑의 기술》

'역설'이라는 말이 좀 어렵지요? 역설이란 우리가 평소에 알고
있던 상식과 다른 주장을 말합니다. 상식적으로 보면, 둘을 하나
로 합치면 그냥 하나가 됩니다. 마치 찰흙 두 덩어리를 합치면 하
나가 되는 것처럼 말이에요.

하지만 평등한 사랑은 그렇지 않습니다. 사랑하는 두 사람은
마치 한 사람처럼 마음이 통하지만, 여전히 서로 다르다는 것을
인정합니다. 서로 다르다는 것을 인정하기 때문에, 서로를 존중
합니다. 이것이 친구처럼 사랑하는 것입니다.

남편과 아내, 부모와 자식, 친구와 친구, 윗사람과 아랫사람 등
이 서로 친구처럼 사랑할 수 있다면 어떨까요? 노자가 이렇게 말
합니다.

---

* **에리히 프롬**Erich Fromm(1900~1980): 미국의 사회 심리학자, 정신 분석학자. 에리히 프
롬은 인간의 심리와 사회의 상호 작용을 탐구했으며, 정신 분석학의 원리를 적용하여 다양
한 사회적 문제에 대해 분석과 대안을 제시하고자 했다. 그는 프로이트 이후의 정신 분석
이론을 사회적 차원까지 확대했다는 평가를 받는다. 《자유로부터의 도피》, 《사랑의 기술》,
《소유냐 존재냐》 등의 저서가 있다.

내가 강요하지 않으면 사람들은 스스로 변화하고,

내가 가만히 있기를 좋아하면 사람들은 스스로 바르게 되며,

내가 일을 벌이지 않으면 사람들은 스스로 넉넉해진다.

《도덕경》 57장

우리 모두는 완벽하지 않습니다. 실수도 하고 부족한 점도 있는 평범한 사람들입니다. 그래서 상대방이 100% 마음에 들 수 없습니다. 이때 어떤 사람들은 상대방의 단점을 지적하며 고치라고 강요합니다. 왜 그럴까요? 상대방을 친구로 생각하지 않고, 노예로 생각하기 때문입니다.

하지만 친구처럼 사랑하는 사람들은 상대방을 존중하고 믿습니다. 지금은 조금 부족한 점이 있지만, 스스로 좋은 쪽으로 변할 것을 믿습니다. 지금은 조금 잘못된 길을 가지만, 스스로 바른 길로 들어설 것을 믿습니다. 그래서 강요하지 않습니다. 그래서 상대방의 일에 함부로 간섭하지 않습니다.

이런 사랑의 관계를 노자는 '상생相生'의 관계라고 불렀습니다. 상생이란 서로(相) 살려 주는(生) 관계를 말합니다. 여러분은 여러분 생명의 주인이 되고, 상대방은 또 자기 생명의 주인이 됩니다. 이렇듯 두 생명의 주인이 친구가 되어 서로 보살피고 도와주는 관계가 상생의 관계입니다.

우리의 사랑 이야기는 여기까지입니다. 자, 이제 여러분은 어떤 사랑을 하고 싶은지 생각해 보기 바랍니다.

사랑은…

매우 다양하고 복잡한 관계 속에서 어떤 대상과 관계를 맺고, 나아가 그 관계를 유지하는 데는 사랑이라는 인력이 작용합니다. 사랑은 혼자 할 수 없습니다. 사랑을 하는 사람과 사랑을 받는 사람이 있어야 하지요. 사랑한다는 것은 살아 있다는 증거입니다.

꿈

어떤 꿈을 꾸어야 할까?

조성환

김구

여러분은 평소에 어떤 꿈을 꾸며 사나요? 꿈에 대해서 많이 생각하는 편인가요? 제가 어렸을 때만 해도 "너는 커서 뭐가 될래?"라고 물으면 곧장 "대통령이요!", "과학자요!"라고 대답하는 어린이들이 많았습니다. 지금 뒤돌아보면 참 거침이 없었다는 생각이 듭니다.

　제 경우에는 '변호사'라고 대답했던 기억이 납니다. 아마도 억울한 사람들을 돕는 보람 있는 일이라고 생각했던 모양입니다. 하지만 지금 저는 인문학을 공부하고 있습니다. 첫사랑이 그렇듯이 어릴 적 꿈도 그대로 이루어지지는 않는 것 같습니다. 하지만 인문학을 통해서도 얼마든지 세상에 도움이 되는 일을 할 수 있겠지요. 이 일도 그중의 하나가 되었으면 하는 바람입니다.

　몇 년 전에 대학에서 '직업윤리'라는 과목을 가르친 적이 있는

데, 체육과 어떤 남학생이 쓴 글에 눈시울이 뜨거워진 경험이 있습니다.

"나의 꿈은 소방관이다. 대단히 위험한 일이고 근무 환경도 열악해서 다들 피하는 직업이기는 하지만 어려움에 처한 사람을 구해 주는 일은 대단히 보람 있는 일이라고 생각한다."

저는 '아…… 아직도 이런 생각을 하는 젊은이들이 있구나!'라는 생각에 고개가 절로 숙여졌습니다.

이런 꿈을 꾸는 사람들이 많으면 많을수록 사회는 더 밝아지지 않을까요? 개인이 어떤 꿈을 꾸며 사느냐에 따라 그 사람의 모습은 물론이고 사회의 모습도 바뀝니다. 마치 학생들이 어떤 꿈을 꾸느냐에 따라 그 학교의 분위기가 달라지고, 회사에 근무하는 사람들이 어떤 꿈을 갖고 일하느냐에 따라 그 회사의 미래가 달라지는 것과 같지요. 가정도 지역도 나라도 마찬가지입니다. 그래서 한 사람 한 사람의 꿈이 중요합니다.

이 장에서는 고전에 나오는 주인공들과 역사 속 인물들이 꾸었던 꿈을 살펴보고, 그것을 통해서 여러분의 꿈을 되돌아보는 시간을 갖고자 합니다.

창공을 소요하는 대붕의 꿈

《장자》 첫머리에는 다음과 같은 유명한 이야기가 나옵니다.

> 북쪽 바다에 물고기가 살고 있는데 그 이름은 '곤'이다.
> 곤은 그 크기가 몇 천 리인지 알 수가 없다.
> 곤이 변해서 새가 되는데 그 이름은 '붕'이다.
> 붕의 등은 그 크기가 몇 천 리인지 알 수가 없다.
> 붕이 한번 힘차게 날아오르면
> 그 날개가 하늘에 드리운 구름 같다.
> 이 새는 태풍이 바다에 불면
> 비로소 남쪽 바다로 이동할 수 있게 된다.
> ......
> "붕이 남쪽 바다로 이동할 때는 삼천 리의 파도를 치고
> 구만 리의 회오리바람을 일으키며 하늘로 올라간다.
> 그렇게 여섯 달을 날아간 뒤에야 쉰다."
>
> 《장자》〈소요유〉

이 이야기는 보통 '대붕의 소요'라고 하는데, 여기서 '대붕'이라
는 것은 '붕'이라는 새가 워낙 커서 그 앞에다 '큰 대(大)' 자를 붙인

것입니다. 대붕이 한번 하늘을 날기 시작하면 그 거대한 날개에 온 세상이 어두워지고 그 폭풍 같은 날갯짓에 회오리바람이 불 정도거든요. '소요'는 '자유롭게 노닌다'는 뜻입니다.

그렇다면 장자는 왜 이 대붕 이야기를 책의 맨 처음에 등장시 켰을까요? 혹시 대붕을 자신의 꿈에 비유하고 있는 것은 아닐까 요? 마치 하늘을 날기를 꿈꿨던 라이트 형제가 비행기를 발명했 듯이, 장자 역시 뭔가 거창한 목표를 세우고 있었던 것은 아닐까 요? 그리고 그것을 독자들에게 권한 것은 아닐까요? 그렇다면 장 자가 꾼 대붕의 꿈은 과연 어떤 꿈일까요?

저는 그것을 '날다'라는 이미지에서 찾았습니다. '난다'는 것은 구속으로부터의 해방을 의미하지요. 일제 강점기를 살았던 이상 李箱(1910~1937)이라는 시인은 〈날개〉라는 소설에서 "날자, 날자, 한 번만 더 날자꾸나. 한 번만 더 날아 보자꾸나!"라고 외치고 있습 니다. 다른 나라의 지배를 받는 답답함을 이렇게 표현한 것이지 요. 그것은 곧 자유를 향한 절규와 같습니다.

그래서 저는 '대붕의 소요'를 '자유의 꿈'이라고 해석해 보고자 합니다. 마음대로 하늘을 날아다니는 새처럼 자유로워지고 싶은 꿈! 그 어느 것에도 구속받지 않고 자유로운 삶을 살고 싶은 소망 이지요.

레이먼드 브릭스Raymond Briggs(1934~)라는 영국 작가가 쓴 《눈사람 아저씨》라는 동화가 있습니다. 어느 겨울밤, 제임스라는 어린 아이가 마당에 눈사람을 만들어 놓고 집에 들어왔는데, 눈사람이 걱정이 돼서 잠이 오지 않습니다. 그래서 밖에 나가 보았더니 놀랍게도 눈사람이 살아 움직이는 것이 아니겠습니까! 그래서 제임스는 눈사람을 방으로 데리고 와서 이것저것 구경을 시켜 주었는데, 이번에는 눈사람이 그 보답으로 제임스를 밖으로 데리고 나가더니 갑자기 하늘을 훨훨 날기 시작하는 것이었습니다. 눈사람과 제임스가 손을 잡고서 펄펄 눈 내리는 겨울밤을 날아다니는 환상적인 모습은 전 세계 어린이들이 가장 좋아하는 장면 중의 하나일 것입니다.

《장자》의 대붕은 마치 하늘을 날아다니는 눈사람과 같습니다. 눈사람이 제임스를 데리고 하늘을 날듯이, 대붕은 독자들을 데리고 하늘을 날고 있습니다.

자유를 꿈꾼 사람들

지금으로부터 약 60년 전, 미국 앨라배마 주에 마틴 루서 킹 Martin Luther King(1929~1968)이라는 흑인 목사가 살고 있었습니다. 〈나에게는 꿈이 있어요(I have a dream)〉라는 연설로도 유명한 사회 운동가지요. 킹 목사가 세계적으로 유명해지게 된 계기는 '버스 승차 거부'라는 저항 운동의 리더를 맡게 되면서부터입니다.

1955년 12월 1일 오후, 앨라배마 주의 몽고메리 지방에서 미국의 역사를 바꾸는 하나의 '작은' 사건이 일어났습니다. 백화점에서 재봉사로 일하는 평범한 흑인 여성인 로자 파크스Rosa Parks(1913~2005)는 그날도 일을 마치고 버스로 귀가하고 있었습니다. 마침 흑인 전용 자리가 비어서 앉아서 가고 있는데, 중간에 백인들이 올라타자 운전기사가 자리를 양보하라는 것이 아니겠습니까? 당시 이 지역의 버스는 흑인이 앉는 자리와 백인이 앉는 자리가 엄격히 구분되어 있었고, 백인이 앉는 자리가 모자라면 흑인들이 자리를 양보하는 게 법으로 규정되어 있었습니다. 다른 흑인들은 다 양보를 했지만 로자 파크스는 "싫어요!"라며 단호하게 거부했습니다. 피부색이 다르다고 해서 차별을 받는 것은 부당하다고 생각했기 때문이지요. 이 때문에 로자 파크스는 '흑백인 종분리법' 위반 죄로 체포됩니다.

이 사건은 순식간에 몽고메리 전역에 전해졌고, 흑인 사회에 커다란 파문을 일으켰습니다. 인종 차별에 분노한 흑인들은 아예 버스를 타지 않겠다고 선언했습니다. 이것이 그 유명한 '버스 승차 거부 운동'이고, 이 운동을 주도한 사람이 바로 27세의 젊은 흑인 목사 마틴 루서 킹이었습니다. 그날 이후 흑인들은 몇 시간이 걸리더라도 걸어서 출퇴근을 했고, 이 운동은 1년 넘게 지속되었습니다. 그러다가 1963년 8월, 킹 목사는 '자유를 위한' 평화 대행진을 마치고 링컨기념관 앞에서 25만 명의 시민들을 상대로 명연설을 하게 됩니다.

100여 년 전 오늘, 위대한 미국인 링컨 대통령은 노예 해방 선언에 서명하였습니다.

이 기념비적인 선언은 생기를 앗아 가는 불공평의 화염에 지친 수백만의 흑인 노예들에게는 커다란 희망의 등불로 비쳤습니다. 그것은 속박의 기나긴 밤을 몰아낼 즐거운 새벽으로 다가왔습니다.

하지만 100년이 지났어도 흑인들은 여전히 자유롭지 못합니다. 100년이 지났어도 흑인들의 삶은 여전히 격리의 족쇄와 차별의 사슬로 몹시 부자유스럽습니다.

......

나에게는 꿈이 있습니다. 나의 어린 네 아이들이 언젠가는 그들의 피부색이 아니라 개성에 의해 평가받는 나라에서 살기를 바라는 꿈이 있습니다.

오늘 나에게는 꿈이 있습니다.

...... 언젠가는 흑인 소년, 소녀들이 백인 소년, 소녀들과 손

을 잡고 형제자매처럼 걸어가기를 바라는 꿈이 있습니다.

    ……

    이것이 우리의 희망입니다. 이것이 나의 신념이며 이것을 가지고 나는 남쪽으로 가겠습니다. 이러한 신념을 가지고 우리는 절망의 산을 깎아서 희망의 반석을 만들 것입니다. 이러한 신념을 가지고 시끄러운 이 나라의 불협화음을 형제애의 아름다운 교향곡으로 변화시킬 수 있을 것입니다. 이러한 신념을 가지고 같이 일을 할 수 있으며, 같이 기도하고 같이 투쟁하고 같이 감옥에 가며 자유를 위해 같이 일어설 수 있는 것입니다. 언젠가 자유를 얻을 수 있는 것을 알고 말입니다.

    ……

〈나에게는 꿈이 있어요〉

이 연설이 있은 다음 해인 1964년, 마침내 흑백인종분리법은 폐지되고 킹 목사는 공로를 인정받아 35세의 나이로 최연소 노벨 평화상 수상자가 됩니다. 그리고 그로부터 44년 뒤인 2008년, 마침내 미국에서 최초의 흑인 대통령이 탄생하기에 이르지요.

1955년에 일어난 한 흑인 여성의 저항에서 시작하여 2008년 흑인 대통령 탄생에 이르기까지의 과정을 살펴보면, 킹 목사가 꾼 꿈은 단지 개인적이고 사적인 차원을 넘어서 사회적이고 집단적인 것임을 알 수 있습니다. 나아가 그것은 단기간에 이루어진 것이 아니라 지속적이고 끈질긴 노력 끝에 얻어진 것임을 알 수 있습니다. 뿐만 아니라 '지금 여기'라는 시간적·공간적 제약을 벗어나서 미래를 향해 열려 있음을 볼 수 있습니다. "나의 어린 네 아이들이 언젠가는 그들의 피부색이 아니라 개성에 의해 평가받는 나라에서 살기를 바라는 꿈이 있습니다"라는 킹 목사의 말은 그가 꾼 꿈이 단지 '현재 세대'에만 머무는 것이 아니라 '다음 세대'를 위한 미래 지향적인 것이었음을 단적으로 보여 주고 있습니다. 자신의 자식 세대, 후속 세대의 자유를 위해서 어른 세대, 기성세대가 힘을 합쳐 싸운 것이지요.

나라를 위해 꾼 꿈

킹 목사와 비슷한 꿈을 꾼 사람들은 우리나라에도 많습니다. 대표적으로 일제 강점기의 독립운동가이자 정치가였던 백범 김구金九(1876~1949)는 '자유로운 나라'를 간절히 원했습니다. 그는 자서전 《백범일지》에서 자신의 소원을 다음과 같이 고백하고 있습니다.

"네 소원이 무엇이냐" 하고 하느님이 내게 물으시면, 나는 서슴지 않고

"내 소원은 대한 독립이오" 하고, 대답할 것이다.

그다음 소원은 무엇이냐 하면, 나는 또

"우리나라의 독립이오" 할 것이요. 또

"그다음 소원이 무엇이냐" 하는 셋째 번 물음에도, 나는 더욱 소리를 높여서

"나의 소원은 우리나라 대한의 완전한 자주독립이오" 하고 대답할 것이다.

동포 여러분!

나 김구의 소원은 이것 하나밖에는 없다. 내 과거의 칠십 평생을 이 소원을 위해 살아왔고, 현재에도 이 소원 때문에 살고 있고, 미래에도 나는 이 소원을 달하려고 살 것이다. 독립이 없는 백성으로 칠십 평생에 설움과 부끄러움과 애탐을 받은 나에게는, 세상에 가장 좋은 것이 완전하게 자주독립한 나라의 백성으로 살아 보다가 죽는 일이다.

나는 일찍이 우리 독립 정부의 문지기가 되기를 원했거니와, 그것은 우리나라가 독립국만 되면 나는 그 나라에 가장 미천한 자가 되어도 좋다는 뜻이다.

왜 그런고 하면, 독립한 제 나라의 빈천이 남의 밑에 사는 부

귀보다 기쁘고, 영광스럽고, 희망이 많기 때문이다.

《백범일지》* 〈나의 소원〉 중에서

"나의 소원"은 킹 목사로 말하면 "나에게는 꿈이 있어요"와 같습니다. 킹 목사가 흑인들의 자유를 꿈꾸었다면 김구는 한국의 독립을 갈망했지요. '독립'은 곧 '정치적 자유'를 의미합니다. 그래서 그는 《백범일지》에서 "나의 정치 이념은 한마디로 말하면 자유다. 우리가 세우는 나라는 자유의 나라이어야 한다"고 단언하고 있습니다. 김구는 구속받는 나라에서 부귀영화를 누리느니 차라리 가난하더라도 자유로운 나라에서 살기를 원했습니다. "세상에 가장 좋은 것이 완전하게 자주독립한 나라의 백성으로 살아보다가 죽는 일"이라는 그의 말에서 그런 간절함이 느껴집니다.

한편, 자유에는 단지 정치적 자유뿐만 아니라 생각의 자유, 표현의 자유, 사랑의 자유 등 다양한 형태가 있습니다. 조선의 네 번째 임금이었던 세종은 백성들이 어려운 한문으로부터 자유로워지기를 바랐습니다. 그는 한글을 만든 목적이 '편민便民', 즉 "백

---

* 《백범일지》: 일제 강점기의 독립운동가이자 상해 임시 정부의 주석을 지낸 백범 김구의 자서전.

성들의 편의를 위해서"라고 하였습니다(《세종실록》 26년(1444) 2월 20일). 백성들이 글자를 쉽게 배워서 자유롭게 자기 생각을 말할 수 있는 세상을 꿈꾸었던 것이지요. 그래서 세종은 한글을 만든 목적을 이렇게 말했습니다.

"한자를 모르는 무지한 백성이 말하고자 하는 바가 있어도 자기의 속사정을 충분히 표현할 수 없는 자가 많도다."

세종의 뜻이 제대로 전달되었는지 실제로 한글이 만들어지고 몇 년 뒤에 조선 최초의 한글 대자보 사건이 발생합니다. 하연河演이라는 정승의 무능함을 폭로하는 한글로 된 벽보가 붙은 것이지요(《세종실록》 31년(1449) 10월 5일). 이 벽보를 보고 세종은 아마 속으로 "옳거니!" 하면서 쾌재를 불렀을지도 모릅니다. 자기가 한글을 만든 의도를 제대로 살렸다고 생각했을 테니까요.

이렇게 보면, 김구나 세종의 꿈은 킹 목사와 마찬가지로 개인적 꿈이라기보다는 사회적 꿈에 가깝다고 할 수 있습니다. 킹 목사가 흑인들의 꿈을 함께 꾸었다면, 김구는 민족의 꿈을 함께 꾼 사람입니다. 반면에 세종은 백성들의 꿈을 대신 실현시켜 주었다고 할 수 있겠지요.

그러나 이렇게 거대한 꿈을 꾸는 것은 상당한 위험과 정력을 필요로 하는 모양입니다. 킹 목사나 김구는 모두 반대 세력에 의해 암살당했고, 세종도 과로로 쉰넷의 젊은 나이에 세상을 떠났기 때문입니다. 그래서인지 이런 꿈을 모두가 좋다고 생각하는 것만은 아닌 것 같습니다.

대붕을 비웃는 참새의 꿈

《장자》에는 대붕 이야기에 이어서 재미있게도 참새가 등장하고 있습니다. 두 새의 크기가 너무 대조적이어서 웃음이 나올 정도입니다. 그런데 참새는 참새의 관점에서 나름대로 대붕의 소요를 평가하고 있습니다.

> 나는 펄쩍 날아 느릅나무 가지에 올라가 머문다. 때로는 거기
> 에 이르지 못하고 땅에 떨어지는 수도 있다. 무엇 때문에 구만
> 리나 높이 올라 남극까지 가는가?
>
> 《장자》〈소요유〉

몇 길 안 되는 높이로 날아오르는 참새이지만 그 몇 길을 오르는 데에도 많은 우여곡절을 겪고 또다시 날아오릅니다. 자신에게 주어진 환경에서 최선을 다하는 참새의 눈에는 대붕이 어째서 구만 리까지 올라가서 남쪽으로 날아가는지 이해가 가질 않습니다.

도를 꿈꾼 백정

자기 분수에 맞는 꿈을 꾸는 이야기가 또 있습니다. 《장자》에 나오는 '포정해우庖丁解牛'가 바로 그것입니다. 여기서 '포정'은 '백정'이라는 뜻이고, '해우'는 '소를 해체한다'는 뜻입니다. 중국 제일의 도살업자인 한 포정이 칼로 소를 해체하는 솜씨가 탁월해서 왕 앞에서 시연을 하기에 이릅니다.

> 포정이 문혜왕文惠王을 위해 소를 잡은 일이 있었다. 그의 손이 닿는 곳이나 어깨를 기대는 곳이나 발로 밟는 곳이나 무릎으로 누르는 곳은 푸덕푸덕 살과 뼈가 떨어졌다. 칼이 지나갈 때마다 설겅설겅 소리가 나는데 모두가 음률에 들어맞았다. 그의 동작은 상림桑林의 춤과 같았으며, 그 절도는 경수經首의 절주節奏에 들어맞았다.
>
> 문혜왕이 말했다.
>
> "참으로 훌륭하구나! 어찌하면 그런 경지에 이를 수 있는가?"
>
> 포정이 칼을 내려놓고 대답했다.
>
> "제가 좋아하는 것은 도道입니다. 기술에서 한 걸음 더 나아간 경지이지요."
>
> 《장자》〈양생주〉

신분상으로는 가장 미천한 포정이 한 나라의 최고 권력자인 왕에게 한 수 가르쳐 주는 충격적인 장면입니다. 신분 질서가 엄격했던 고대 사회에서는 상상도 할 수 없는 일이지요. 바로 여기에 《장자》의 묘미가 있습니다.

《장자》는 기존의 통념이나 선입관을 깨고 새로운 세계로 안내해 주는 길잡이 역할을 합니다. 특히 맨 마지막 부분의 '기술'과 '도'의 대비는 여러 가지 점에서 주목할 만합니다. 포정은 자신의 포부는 단지 기술의 영역에 만족하는 것이 아니라 '도'의 경지에까지 들어가는 것이라고 당당하게 말하고 있습니다.

여기서 '도'란 인문학적 세계를 말합니다. 단지 효율과 스피드와 정확성만을 추구하는 것이 아니라 타자에 대한 배려와 세계와의 조화까지 함께 고려하는 것이 바로 인문학적 사고이지요.

그래서 포정의 마지막 말은 대단히 의미심장합니다. 뒤집어 말하면 "왕께서는 아직 '도'의 차원에서 정치를 하고 계시지는 않군요. 저는 비록 미천한 백정 신분이지만 이미 단순한 기술자의 수준은 훨씬 뛰어넘었습니다!"라고 간접적으로 비판하는 것이라고도 할 수 있겠지요.

대붕 이야기에 빗대어 보면 참새인 포정은 자신에게 주어진 환경에서 '도'를 얻었는데, 대붕인 왕은 대붕으로서의 '도'를 얻지 못한 점을 지적하고 있는 것이지요.

그렇다면 포정은 어떻게 해서 '도'의 경지에 들어갈 수 있었을까요?

"제가 처음에 소를 잡았을 때에는 보이는 것 모두가 소였습니다. 그러다 삼 년쯤 지나니 소의 미세한 부분이 보이기 시작하더군요. 지금은 정신으로 소를 대하지 눈으로는 보지 않습니다. 감각의 작용은 멈추고 정신을 따라 움직이는 것입니다. 소의 '타고난 결'에 따라 널찍한 틈새를 비집고 커다란 구멍으로 칼을 찌릅니다. 소의 '타고난 결'에 따라 칼질을 하기 때문에 힘줄이나 질긴 근육에 부딪치는 일이 없습니다. 하물며 큰 뼈에야 부딪치겠습니까?

훌륭한 포정은 일 년마다 칼을 바꿉니다. 칼로 살을 자르기 때문이지요. 보통 포정은 달마다 칼을 바꿉니다. 뼈를 자르기 때문이지요. 지금 제 칼은 십구 년이 되었으며, 그사이 잡은 소는 수천 마리나 됩니다. 그런데도 제 칼날은 방금 숫돌에 간 것 같습니다. 소의 뼈마디에는 틈이 있는데 제 칼에는 두께가 없습니다. 두께가 없는 것을 틈이 있는 곳에 넣기 때문에 칼을 마음대로 휘둘러도 공간이 남아돕니다. 그래서 십구 년이 지났어도 칼날이 여전히 새로 간 것 같지요. ……."

문혜왕이 말했다.

"훌륭한지고! 나는 포정의 말을 듣고서 삶을 잘 사는 비결을 터득했노라!"

《장자》〈양생주〉

바로 여기에 포정이 자신에게 주어진 환경에서 꿈을 이뤄 낸 비결이 나오고 있습니다. 바로 '타고난 결'이지요. 소의 생김새, 뼈마디, 근육 상태에 따라 칼을 휘두르기 때문에 칼놀림이 막힘이 없고 칼도 늘 처음 상태를 유지할 수 있다는 것입니다. '타고난 결'은 달리 말하면 세상의 흐름이자 자연의 질서를 상징합니다. 또는 상대방의 상태나 본성이라고도 할 수 있지요. 포정은 자신의 스타일을 고집하기보다는 소의 자연 상태를 존중하고 배려하면서 칼질을 했습니다. 그것이 바로 '도'의 경지입니다. 자신의 신분과 직업과 환경을 자책하기보다는 그 안에서 최선을 다한 결과이지요.

'도'를 무시한 아이히만

'도'의 세계를 무시하고 오로지 자기 일에만 몰두한다면 어떤 일이 벌어질까요? 힘들게 굳이 '도'의 차원으로까지 나아가려 할 필요가 있을까요? 그냥 묵묵히 자기에게 주어진 일만 열심히 하면 그것으로 충분하지 않을까요?

해나 아렌트*라는 여성 철학자는 《예루살렘의 아이히만》이라는 자신의 저서에서 이런 생각이 지닌 위험성을 '악의 평범성'이라는 말로 표현했습니다. '악의 평범성'이란 대단한 이유 때문이 아니라 단지 '생각 없음'이라고 하는 평범한 사실 때문에 악을 저지르는 것을 말합니다. 제2차 세계 대전 당시 유대 인 학살의 앞잡이였던 아돌프 아이히만Adolf Eichmann(1906~1962)이라는 사람의 재판을 지켜본 뒤에 아렌트가 얻은 통찰이지요. 아이히만은 유대 인들을 포로수용소로 옮기는 일을 책임지고 있었는데, 그 수용소는 다름 아닌 독가스를 살포하여 사람들을 죽이는 무시무시한 곳이었습니다. 그녀는 이 끔찍한 대량 학살을 앞장서서 도운 사람이 악마 같은 모습을 하고 있을 줄 알았는데, 실제로 보니 뜻밖에도 온순하고 가정적인 사람이었다는 사실에 충격을 받았습니다. 그리고 깨달은 것이 "악이란 단지 생각 없음에서 나올 뿐이다"라

---

* **해나 아렌트**Hannah Arendt(1906~1975): 독일에서 태어나 나치스를 피해 유대 인인 어머니와 함께 미국으로 망명했다. 제1차 세계 대전과 제2차 세계 대전 등을 겪으며 전체주의에 대해 강하게 비판했다. 사회적인 악과 폭력의 본질에 대해 깊이 연구하며 《인간의 조건》, 《전체주의의 기원》, 《예루살렘의 아이히만》, 《폭력의 세기》 등을 집필했다.

는 평범한 사실이었습니다.

'생각 없음'은 요즘 여러분 사이에서 유행하는 말로 하면 '개념 없음'에 가깝습니다. 아렌트가 보기에 아이히만은 개념 없이 행동한 것이지요. 자신이 하는 일이 지니는 사회적 의미나 역사적 맥락을 전혀 생각하지 않고, '위에서 시키는 대로' 충실히 따랐을 뿐입니다.

함석헌*이라는 기독교 사상가는 "생각하는 백성이라야 산다" (1958)는 말을 남겼습니다. 아이히만의 재판이 있기 3년 전의 일이지요. 함석헌은 "정신이란 귀한 것이요, 생각은 하기 힘든 것", "생각하는 민족, 철학하는 백성이 되자!"고 외쳤습니다. 그리고 아이히만과 같은 '악의 평범성'에 온몸으로 저항했습니다. 아렌트의 "악의 평범성"이나 함석헌의 "생각하는 백성"은 모두 수동적이고 피동적이고 무비판적인 인간보다는 주체적이고 능동적이고 비판적인 인간을 꿈꿀 것을 권하고 있습니다.

---

* **함석헌**咸錫憲(1901~1989): 우리나라의 자유와 평화를 위해 한평생을 바친 인물로, 두 차례 노벨 평화상 후보자로 선정되었다. 1928년 일본 도쿄고등사범학교를 졸업하고 귀국하여 오산학교에서 역사와 수신을 가르치다가, 일제의 탄압으로 오산학교를 그만두고 해방 무렵까지 농사를 지으며 살았다. '한국의 간디', '종교적 다원주의의 선구자' 등의 수식어와 함께 퀘이커교도, 기독교 사상가, 인권 운동가, 언론인 등 수많은 이름으로 불리었다.

그런데 '악의 평범성'이라는 말이 나왔으니 그 반대인 '선의 평범성'도 생각할 수 있지 않을까요? 즉 '선이라는 것이 무슨 거창한 선행을 해야 선이 아니라 평소에 올바른 생각과 판단과 자세를 갖고 살면 그것이 선이다'라는 생각도 가능하지 않을까요? 이런 생각을 담은 동양 고전이 바로 《중용》*입니다. 여기서 '중中'은 '적중하다', '들어맞다'라는 뜻이고, '용庸'은 '평범하다', '일상적이다'라는 뜻입니다. 그래서 '중용'은 '일상생활에서의 적절한 행위'를 말합니다.

그럼 어떤 행위가 적절할까요? 그것은 곧 '상황에 맞는' 행위입니다. 가령 슬퍼해야 할 상황에서 웃는다거나 기뻐해야 할 장면에서 우울해하면 다른 사람들과 어울리는 데 어려움이 있게 됩니다. 달리 말하면 사회생활에 장애를 겪게 되지요. 그래서 《중용》의 첫머리에서는 "기쁨과 노여움, 슬픔과 즐거움과 같은 감정이 아직 드러나지 않은 상태를 '중中'이라 하고, 드러나되 상황에 잘 맞는 것을 '화和'라고 한다"고 말하고 있습니다. 여기서 '중'은 '속에 들어 있다'는 뜻이고, '화'는 '조화'라는 뜻입니다.

---

*《중용中庸》: 자사子思가 썼다고 하는 대표적인 유학의 경전. 사서四書 중의 하나로 알려져 있다. 자사는 고대 중국의 철학자이자 유학의 창시자인 공자의 손자다.

일상생활에서의 감정 처리의 중요성을 지적한 구절이지요. 감정 조절은 단지 한 개인의 차원에만 머무는 것이 아니라 사회 전체의 분위기에까지 영향을 줍니다. 특히 리더의 자기 수양은 그 조직 전체에까지 영향을 주지요. 그래서 《중용》에서는 "'중'과 '화'의 경지에 도달하면 하늘과 땅이 제자리를 찾고 만물이 잘 길러진다"고까지 말하고 있습니다.

'선의 평범성'의 예는 이 밖에도 많이 찾아볼 수 있습니다. 가령 따뜻한 말 한마디로 남의 아픔을 위로해 준다거나 길가에 떨어진 깨진 유리 조각을 줍는 것 등등이 모두 '선의 평범성'이라고 할 수 있겠지요. 잘한 일을 잘했다고 칭찬해 주고 잘못한 일에 대해서는 애정을 담은 비판을 해 주는 것도 일상생활에서 선을 행하는 방법입니다.

이처럼 '선'이란 하나하나 차곡차곡 쌓아 나가서 완성되는 것이지, 거창한 선행을 했다고 해서 하루아침에 이루어지는 것은 아닙니다. 공부나 운동도 마찬가지입니다. 벼락치기나 단기 완성보다는 평소에 꾸준히 그 분야에 관심을 갖고 지속적으로 시간을 투자해야 탄탄한 결과를 얻을 수 있습니다. 이것은 '공부의 평범성'이라고 할 수 있겠지요.

소년이여, 야망을 가져라! 이 늙은이처럼!!

이렇게 해서 '꿈'이라는 주제로 다양한 이야기를 해 보았습니다. 《장자》에서는 대붕과 참새로 상징되는 두 가지 대조적인 꿈을 살펴보았고, 이것을 바탕으로 킹 목사와 김구과 같은 역사적인 인물들의 '자유의 꿈'에 대해서 알아보았습니다. 아이히만으로 대변되는 '악의 평범성' 개념을 소개하였고, 그와 반대되는 《중용》의 '선의 평범성'에 대해서도 생각해 보았습니다. 그렇다면, 여러분은 어떤 꿈을 꾸고 싶나요? 이번 기회에 한번 진지하게 생각해 보았으면 합니다.

마지막으로 제가 어렸을 때 많이 듣던 구절 하나를 소개하면서 '꿈' 이야기를 마칠까 합니다. 옛날에는 지금처럼 스마트폰이나 SNS가 없어서 주로 손으로 쓰는 엽서나 편지를 사용했습니다. 그래서 친구들끼리 그림엽서 같은 것을 많이 주고받았는데, 거기에 자주 나오는 문구 중의 하나가 바로 "소년이여, 야망을 가져라(Boys, be ambitious)!"라는 말이었습니다. 윌리엄 클라크William S. Clark(1826~1886)라는 미국 대학 교수가 한 말이지요.

윌리엄 클라크는 1876년, 자신의 나이 50세가 되던 해에 일본 정부의 요청으로 홋카이도로 건너가서 1년 동안 대학 총장을 지낸 적이 있습니다. 총장 일을 마치고 일본을 떠나기 전에 학생들에게 한 연설에서 한 말이 바로 "소년이여~ 야망을 가져라!"였다고 합니다. 그런데 이 말 뒤에는 "like this old man"이라는 말이 덧붙여져 있었다고 합니다.(위키피디아 일본판 '윌리엄 스미스 클라크' 항목 참조 (2015년 11월 17일 검색)) 우리말로 하면 "이 늙은이처럼"이 되겠지요.

　나이가 50이니까 그렇게 늙은 편은 아닙니다만, 스무 살의 어린 학생들에게는 노인 축에 속하겠지요. 더군다나 사진을 보면 콧수염을 길게 기르고 있어서 늙어 보이기도 합니다. 어쨌거나 저에게 감동적이었던 것은 "이 늙은이처럼"이라는 구절입니다. '내가 비록 나이는 여러분보다 많지만 꿈은 아직 젊고 푸르다!'는 자부심의 표현이 아니었을까요? 나이가 어리다고 해서 꿈까지 싱그러운 것은 아닙니다. 반대로 나이가 많다고 해서 꿈이 다 시들어 버린 것은 아닙니다. 여러분은 항상 '푸른 꿈'을 간직하며 살기 바랍니다!

꿈은…

개인이 어떤 꿈을 꾸며 사느냐에 따라 그 사람의 모습은 물론이고 사회의 모습도 바뀝니다. 가정도, 지역도, 나라도 마찬가지입니다. 또한 현재에 머무는 것이 아닌 미래를 향해 열려 있는 꿈을 꾸는 것이 중요합니다.

리더
____

여러분은 어떤 리더?

조성환

맹자

요즘 우리 사회에서 자주 들리는 말 중의 하나가 '리더십'이라는 말입니다. '리더'란 '리드하는 사람', 즉 '어떤 집단이나 조직을 이끄는 사람'이라는 뜻이고, '리더십'이란 '리더로서의 능력'을 의미합니다. 그래서 "리더십이 있다"고 하면 '리더로서의 자질이나 능력이 있다'는 말이 됩니다. 가령 나라의 리더는 대통령이고, 회사의 리더는 회장이나 사장이 됩니다. 학교에서는 교장 선생님이 리더가 되고, 가정에서는 아빠와 엄마가 되겠지요.

　엄마의 경우를 살펴볼까요? 엄마들은 대부분 가족들의 먹거리를 생각하고, 옷가지나 집 청소 등을 챙깁니다. 즉 가족을 경영하는 경영자에 해당하지요. '리더'는 다른 말로 하면 '경영자'라고도 할 수 있습니다. 가령 대통령은 한 나라의 리더이자 국가를 경영하는 경영자입니다.

하나의 조직이나 집단은 리더나 경영자의 역량에 따라 크게 좌우됩니다. 훌륭한 리더를 만나면 그 조직이 살아나고, 반대로 리더십이 부족한 리더를 만나면 그 집단의 구성원들이 자기 능력을 충분히 발휘하지 못합니다. 가령 2002년 월드컵에서 한국 축구 대표 팀이 4강에 오르게 된 결정적인 이유는 거스 히딩크Guus Hiddink(1946~)라는 훌륭한 리더를 만났기 때문이라고들 합니다. 그래서 월드컵이 끝난 뒤에 히딩크의 리더십에 관한 책들이 대거 출판되었습니다. 이처럼 '리더'는 한 사회나 조직의 모습을 결정하는 데 중요한 역할을 합니다. 그래서 이 장에서는 역사상 어떤 리더들이 있었는지, 그들의 특징과 리더십을 살펴보고자 합니다. 이것을 바탕으로 여러분이 되고자 하는 리더의 모습을 생각해 보는 시간을 갖기 바랍니다.

이끄는 리더와 따르는 리더

제가 어릴 적에 읽은 《이솝 이야기》 중에 아직도 기억에 남아 있는 이야기가 하나 있는데, 그것은 바로 너무도 잘 알려진 '나그네의 옷을 벗기는 이야기'입니다.

바람과 태양이 나그네를 두고 내기를 합니다. 바람은 거센 바람으로, 태양은 따가운 햇볕으로 나그네 옷을 벗기려고 하지요. 여러분도 잘 알다시피 승리는 나그네 스스로 옷을 벗게 한 태양의 차지가 되지요.

이 이야기에서는 두 가지 유형의 리더를 볼 수 있습니다. 하나는 '이끄는 리더'이고 다른 하나는 '따르는 리더'입니다. 바람은 자신의 의도대로 끌고 가려 한다는 점에서 '이끄는 리더'를 상징한다고 볼 수 있습니다. 반면에 태양은 자발적인 협력을 이끌어 낸다는 점에서 '따르는 리더'로 분류할 수 있습니다. 물론 이 이야기에서는 따르는 리더 쪽이 유리했지만, 때로는 이끄는 리더도 필요합니다.

이런 상반되는 리더의 유형은 단지 이야기 속에서만이 아니라, 실제의 역사 속에서도 찾아볼 수 있습니다. 중국 고전에 《초한지》라는 역사 소설이 있는데, 중국 최초의 통일 제국이었던 진나라가 멸망한 뒤에 항우項羽(B.C.232~B.C.202)와 유방劉邦(B.C.247~B.C.195)이라는 두 영웅호걸이 천하의 패권을 다투는 이야기입니다. 항우는 초나라를 대표하는 리더이고, 유방은 한나라를 이끄는 리더입니다. 이 둘의 싸움을 역사에서는 보통 "초한쟁패楚漢爭覇", 즉 "초나라와 한나라가 패자(천하의 리더)의 자리를 두고 다툰다"고 합니다. 두 나라의 싸움을 재현시켜 '장기'라는 놀이를 만들었을 정도입니다.

그런데 항우와 유방은 흥미롭게도 상반되는 리더십을 보여 주고 있습니다. 항우는 귀족 출신에 무예가 출중했던 반면, 유방은 시골 변두리의 말단 관리 출신입니다. 그래서인지 항우는 패기가 만만했고 항상 아랫사람을 압도하는 리더십을 발휘했습니다. 항우가 유방과의 마지막 전투에서 패해 한나라 군사들에게 사방으로 포위당했을 때 지은 〈해하가〉라는 시에서는 그의 모습을 잘볼 수 있습니다.

> 힘은 산을 뽑고 기운은 세상을 덮지만
> 때는 불리하고 추도 가지 않는구나.
> 추가 가지 않으니 어찌하면 좋은가!
> 우야! 우야! 너를 어찌할꼬!!

〈해하가〉*

여기서 '추'는 항우가 사랑했다고 하는 말의 이름이고, '우' 역시 그가 사랑한 여인 '우희'를 말합니다. "힘은 산을 뽑고 기운은 세상을 덮지만"이라는 말에서 항우의 넘치는 기개가 잘 드러나고 있습니다.

한자로는 "역발산力拔山, 기개세氣蓋世"라고 합니다. 그런 항우도 결국에는 싸움에서 패하여 '우'를 죽이고 자신도 자결하면서 비극적으로 생을 마치게 됩니다. 이로써 4년에 걸친 초나라와 한나라의 싸움은 막을 내리게 되는데, 이때 항우의 나이는 겨우 서른 남짓이었습니다. 그 후 항우와 우희의 애절한 사랑이야기는 〈패왕별희〉라는 경극*으로 만들어져 지금까지도 공연되고 있습니다.

그렇다면, 시골 변두리의 한낱 아저씨에 불과했던 유방은 어떻게 해서 항우같이 젊고 패기 있는 장군을 이길 수 있었을까요? 항우와의 싸움에서 승리한 뒤 천하를 얻게 된 유방은 신하들 앞에서 다음과 같은 말을 합니다.

> 백성을 어루만지며
> 병사들에게 식량을 공급하는 것으로 말하면
> 나는 소하*에 미치지 못한다.

---

* 〈해하가垓下歌〉: 중국 초나라 항우가 지은 노래. 해하에서 한漢나라 고조에게 포위되었을 때 형세가 이미 기울어져 앞날이 다한 것을 슬퍼하며 지은 것이다.

* 경극京劇: 중국의 전통 연극. 서양의 오페라와 비슷하여 '베이징 오페라(Peking opera)'라고도 불린다. 〈패왕별희〉 외에도 〈열국지〉, 〈삼국지〉, 〈서유기〉 등의 경극이 있다. 특히 〈패왕별희〉는 우리나라에 영화로도 소개되어 많은 인기를 끌었다.

* 소하蕭何(?~B.C.193): 중국 전한의 정치가. 유방의 재상으로, 항우 밑에서 하급 관리로 있던 한신을 유방에게 추천하였다. 한신, 장량과 함께 '한흥삼걸漢興三傑', 즉 '한나라를 흥하게 한 세 영웅'으로 꼽힌다.

백만 대군을 자유자재로 지휘하여

백전백승을 거두는 것으로 말하면

나는 한신*에 미치지 못한다.

막사에서 전략을 짜서

천리 밖에서 승리를 거두는 것으로 말하면

나는 장량*에 미치지 못한다.

이 세 사람은 모두 나를 능가하는 영웅호걸들이다.

내가 천하를 얻을 수 있었던 것은 바로

이들을 잘 쓸 줄 알았기 때문이다.

그러나 항우는 범증*과 같은 뛰어난 인재가 있어도

제대로 활용하지 못했다.

그래서 나에게 진 것이다.

《사기》*〈고조본기〉

유방은 여기에서 보잘것없는 자신이 항우를 이길 수 있었던 비결을 말하고 있는데, 그것은 한마디로 하면 '인재 쓰기'입니다. 항우는 훌륭한 인재가 있는데도 제대로 쓸 줄을 몰랐고, 반면에 자신은 뛰어난 인재들을 적재적소에 배치했을 뿐이라는 것입니다. 실제로 항우는 범증과 같은 훌륭한 참모의 말을 듣지 않았고, 그래서 그의 밑에서 일하던 사람 중에는 유방에게로 가서 항우와

맞서 싸워 공을 세운 사람이 있을 정도입니다.

유방의 말에서 또 하나 주목할 만한 점은 천하를 차지한 황제임에도 불구하고, 신하를 자신보다 높게 평가하는 겸손함입니다. 보통 '리더'라고 하면 자신이 아랫사람보다 뛰어나야 된다고 하는 강박 관념에 사로잡혀, 실제로 아랫사람의 능력이 출중하면 그를 시기하거나 인정하려 들지 않거나 하기 십상입니다. 자신의 지위가 위태로워질까 두려워해서지요. 그런데 유방은 오히려 신하들이 자신을 능가한다고 자신 있게 말하고 있습니다. 이런 자신감과 도량도 리더의 중요한 덕목이라고 할 수 있겠지요.

결론적으로 유방은, 항우처럼 자신이 앞장서서 아랫사람들을

＊ **한신韓信**(B.C.?~B.C.196): 중국 전한의 무장. 원래 항우 밑에 있었는데 별로 인정받지 못하자 장량의 권유로 유방의 사령관으로 일하게 된다. 항우와의 싸움에서 큰 공을 세워 초나라 왕이 되었지만, 이후에 유방에 의해 처형당했다. 죽기 전에 '토사구팽兔死狗烹'이라는 말을 남긴 것으로 유명하다.

＊ **장량張良**(B.C.250?~B.C.186?): 서한 시기의 개국 공신. 유방의 전략가로 선견지명이 뛰어나다. 소하, 한신 등과 더불어 한나라를 세우는 데 결정적인 공을 세웠다.

＊ **범증范增**(B.C.277~B.C.204): 항우의 뛰어난 책사. 항우의 존경을 받았다. 그러나 범증의 충고를 듣지 않은 항우는 유방의 책략에 걸려 범증을 잃고 유방에게 패하게 된다.

＊ **《사기史記》**: 중국 한나라의 사마천이 상고上古의 황제로부터 전한前漢 무제까지의 역대 왕조의 사적을 엮은 역사책. 고대 중국의 역사를 인물, 사건, 제도 등 다양한 방식으로 서술한 대표적인 역사서다.

이끌어 가기보다는, 오히려 뒤에 서서 아랫사람들에게 모든 것을 맡기는 리더십을 발휘했습니다. 그래서 유방의 리더십을 '따르는 리더'라고 할 수 있습니다. 마치 《이솝 이야기》에 나오는 태양처럼 아랫사람이 '스스로' 하게 하는 환경을 만들어 준 것이지요.

맹자의 대장부와 장자의 애태타

이끄는 리더와 따르는 리더는 각각 장단점이 있습니다. 가령 1997년에 한국은 이른바 '외환 위기'를 맞았습니다. 외국 돈이 없어서 나라 전체가 부도가 날 위기에 처했던 것이지요. 이와 같이 국가가 일분일초를 다투는 위기 상황에서는 맨 앞에서 진두지휘하며 국민들을 이끌어 갈 리더가 필요하겠지요. 반면에 나라가 안정을 되찾고 지속적인 발전을 도모할 때에는, 또는 초나라와 한나라의 싸움과 같이 장기적이고 대규모의 전쟁이 일어난 상황에서는, 각 구성원들의 실력과 재능을 최대한 발휘할 수 있도록 해 주는 '따르는 리더'가 더 유리할 수도 있습니다.

이러한 리더들에게 필요한 덕목이나 마음 자세는 맹자와 장자에게서 찾아볼 수 있습니다. 먼저 맹자는 '대장부의 호연지기浩然之氣'에 대해서 다음과 같이 말하고 있습니다.

(공손추가 물었다)

"선생님, 호연지기가 무엇인가요?"

맹자가 대답했다.

"말로 설명하기는 어렵다. 그 기운은 대단히 크고 굳세다. 곧게 기르고 해치지 않으면, 이 호연지기가 하늘과 땅 사이에 가득차게 된다. 그 기운이 의義와 도道에 짝하니, 이것이 없으면 시들어 버린다."

《맹자》〈공손추상〉

뜻을 얻으면 백성과 함께 도道를 행하고, 뜻을 얻지 못하면 홀로 그 도道를 행하여, 부유해도 타락하지 않고, 가난해도 절개를 굽히지 않으며, 부당한 힘 앞에서도 굴복하지 않으면 이것이 바로 대장부가 아니겠는가!

《맹자》〈등문공하〉

이것에 의하면 '호연지기'란 불의에 굴하지 않는 '호방한 기운' 같은 것을 말합니다. 항우의 말로 하면 "역발산, 기개세", 즉 "힘은 산을 뽑고 기운은 세상을 덮는" 기운과 비슷하지요. 항우의 기개가 젊은 장수로서의 패기에서 나오는 당당함이라고 한다면, 맹자의 호연지기는 평소에 옳은 일을 쌓아서 생기는 떳떳함 같은 것입니다. 그런 호연지기를 갖춘 사람을 맹자는 '대장부'라고 말하고 있습니다. 이런 호연지기를 갖춘 대장부를 우리나라에서는 '선비'라고도 했습니다. 선비들은 평소에는 학문을 닦고 수양하다가, 나라가 위급할 때에는 의병을 일으켜서 나라를 위해 싸웠습니다. 조선 시대에 왜군이 침입했을 때 의병을 일으킨 의병장들은 대부분 이런 선비들이었습니다. 평소에 쌓은 호연지기가 없었다면 목숨을 바쳐 나라를 구한다는 것은 불가능한 일이겠지요.

지금으로부터 약 15년 전, 이수현이라는 한국인 젊은이가 있었습니다. 일본에서 아르바이트를 하면서 일본어 학교를 다니는 대학생이었지요. 그날 저녁도 이수현 씨는 평소처럼 아르바이트를 끝내고 전철로 귀가하려던 참이었습니다. 그런데 술에 취한 일본인이 지하철 선로에 떨어지는 것이 아니겠습니까! 그것을 본 이수현 씨는 자기도 모르게 선로에 뛰어 내려가서 취객을 구하려다가 들어오는 전동차를 미처 피하지 못하고 숨졌습니다. 이 광경을 지켜본 200여 명의 일본인들은 순간 존경과 안타까움의 탄성을 질렀고, 다음 날 아침 일본의 신문과 언론들은 이 사건을 다음과 같이 대서특필했습니다.

"정의감이 강했던 사람 …… 일본과 한국을 맺으려던 계획은 꿈으로……."《요미우리신문》 "당신의 용기, 잊을 수 없습니다."《마이니치신문》(《이수현 신드롬 그 후의 일본열도》《신동아》 2001년 3월호) 참조)

아마도 이수현 씨의 이러한 용기 있는 행동은 평소에 의로운 일을 실천하여 '호연지기'를 쌓아 왔기에 가능하지 않았나 생각합니다. 실제로 그를 아는 주위 사람들도 "그라면 그럴 만하다. 평소에 어려운 사람들을 보면 그냥 지나치는 법이 없었다"고 말했다고 합니다.

호연지기를 쌓으면 두려움이 없어집니다. 이런 사람이 리더가 되면 항우나 의병 또는 킹 목사처럼 위기의 상황에서 맨 앞에 서서 사람들을 리드하는 리더가 되지 않을까요?

한편 장자는 맹자와 같은 시대를 살았지만 대장부와는 정반대의 리더상을 제시하고 있습니다. 그것은 바로 '애태타'라는 추남입니다.

위衛나라에 못생기기로 유명한 '애태타哀駘它'라는 사람이 있었다. 남자들이 그와 더불어 지내고 나면 그를 사모하여 떠나지를 못하였다. 여자들이 그를 보면 다른 사람의 아내가 되느니 차라리 애태타의 첩이 되겠다고 부모에게 혼인시켜 줄 것을 간청하는 사람들이 수십 명이 넘었다.

그러나 사람들은 애태타가 자기가 옳다고 주장하는 것을 들어 본 적이 없었다. 그는 단지 사람들과 잘 화합할 뿐이었다. 그는 사람의 죽음을 구해 줄 만한 임금의 지위도 없고, 사람들의 배를 불려 줄 만큼 모아 놓은 재산도 없었다. 게다가 그 흉한 모습은 세상을 놀라게 할 정도였다. 사람들과 화합할 뿐 자기주장을 내세우는 법이 없고, 알고 있는 것도 기껏해야 나라 안에서 일어나는 일 정도였다. 그런데도 사람들이 그에게 모여드는 것은 분명 남들과 다른 점이 있기 때문일 것이다.

내가 그를 불러서 보니 과연 추하기가 세상을 놀라게 할 만했다. 내가 그와 더불어 지낸 지 한 달이 되지 않아 나는 그의 사람됨에 마음이 끌렸고, 일 년이 넘지 않아 그를 믿게 되었다. 나라에 재상이 없기에 나라를 그에게 맡기려 했더니 그가 생각하는 듯하다가 답을 했는데 아무렇지도 않은 듯이 사양하는 것이었다. 나는 그에게 나라를 맡기려던 일을 부끄럽게 여기고 말았다. 얼마 지나지 않아 그는 나를 떠나가 버렸다. 나는 무엇을 잃어버린 듯 허전했다. 이 나라에 함께 즐길 이가 없어진 것 같았다. 그는 어찌된 사람일까?

《장자》〈덕충부〉*

여기에 나오는 애태타라는 남자는 요즘으로 말하면 아무런 '스펙'도 없는 사람입니다. 특별히 말을 잘하는 것도 아니고 그렇다고 해서 아는 것이 많은 것도 아닙니다. 영화배우처럼 잘생긴 것도 아니고, 특별히 자기주장을 하지도 않습니다. 그냥 남의 말을 잘 들어 주고 남들과 잘 어울릴 뿐입니다. 그런데도 사람들은 그를 몹시 좋아합니다. 왜일까요?

《장자》에 '허심虛心'과 '응물應物'이라는 말이 나옵니다. '허심'은 '마음을 비운다'는 뜻이고, '응물'은 '외물에 응한다'는 뜻입니다. '외물'은 '자신을 제외한 모든 것'을 의미합니다. 좁게는 마주하고 있는 상대방에서 넓게는 세상 전체까지를 가리킵니다. 허심은 응물을 하는 마음가짐에 해당합니다. 애태타는 허심의 상태로 사람들을 대했다고 할 수 있습니다. 그렇다면 허심은 무엇일까요?

우리가 세상을 대할 때는 누구나 자기의 생각과 입장을 갖고 대합니다. 가령 부모들은 자식을 대할 때 대개 '우리 애가 공부를 잘했으면……' 하는 일정한 '마음'을 갖고 있습니다. 그 마음이 지나치고 지속되면 '성심成心', 즉 '굳어진 마음'이 됩니다. 이 굳어진 마음으로 자식을 바라보면 자식이 '사람'이 아닌 '공부'나 '점수'로만 보이게 됩니다. 자식의 진정한 장점이나 재능은 안 보이게 되지요. 그래서 자식이 성적이 오르면 기뻐하고, 성적이 떨어지면 슬퍼하게 됩니다. 성적이 자신의 행복이자 자식의 미래라고 생각

---

* 〈**덕충부德充符**〉: 《장자》 내편의 글. '덕충부'란 덕이 속에 가득 차 있으면 겉으로 드러나게 마련이라는 뜻이다. 〈덕충부〉 편에서는 지식에 의한 분별과 대립에서 벗어나야만 도道와 하나가 될 수 있음을 역설하고 있다.

하면서 말입니다. 반대로 그런 부모나 사회의 '성심'에 강요받은 학생은 성적이 좋지 않으면 비관하게 되고, 급기야는 자살까지 하는 지경에 이릅니다.

한편 특정 종교나 철학에 지나치게 심취되어 있는 사람은 그 종교의 교리나 철학의 주장으로만 세상을 바라보려고 합니다. 모든 것을 거기에 맞춰서 이해하려 하고, 그것만이 참이라고 생각하게 됩니다. 이것이 극단적이 되거나 다른 목적으로 이용되면 종교 전쟁이나 테러 등으로 발전합니다.

가장 믿을 만하다는 과학도 예외는 아닙니다. 과학에 대한 믿음이 지나치면 과학 맹신이 되고, 모든 것을 과학이라는 기준으로 평가합니다. 이것을 '과학주의'라고 합니다. 과학만이 유일한 진리라고 생각하는 태도이지요.

반면에 '허심'은 세상을 대할 때 아무런 기준이나 선입견을 갖지 않고 대하는 태도를 말합니다. 유방의 예를 들면, 아랫사람의 신분이나 지위 또는 외모는 따지지 않고 오로지 '능력' 하나만 보는 태도와 유사합니다. 우리는 보통 사람들을 대할 때 그 사람의 내적인 진실함보다는 외적인 지위나 학력 또는 재산 등을 따집니다. 특히 요즘처럼 모든 것을 '돈'으로 환산해서 생각하는 자본주의 사회에서는 특히 더 심하지요. 그런데 애태타와 같은 태도에는 비록 사람들을 일시에 빨아들이는 흡인력은 없을지 몰라도,

모든 이들을 받아들이는 무한한 포용력이 있습니다.

장자보다 약간 앞 시대를 산 노자는 이런 태도를 다음과 같이 말했습니다. "하늘의 그물은 성기지만 하나도 빠뜨리는 법이 없다." 여기서 '하늘의 그물'은 '자연의 법칙'을 말합니다. 자연은 만물을 일일이 신경 쓰는 것 같지 않지만 신기하게도 어느 것 하나 배제하지 않는다는 뜻입니다. 마찬가지로 애태타와 같은 허심의 태도로 세상을 대하는 사람은 엉성한 듯하지만 어느 누구도 소외시키는 법이 없습니다. 이것이 '비어 있음'의 위대함입니다.

여러분 주위에도 애태타와 같은 사람이 있나요? 철학자의 말이라 비현실적으로 들릴지 모르겠습니다만, 제 개인적인 경험으로는 돌아가신 어머니가 애태타와 같은 존재가 아니었나 생각합니다.

어머니가 돌아가시기 전에는 명절이나 방학 때 어쩌다 시골집에 내려가면 친구들을 만나러 다니느라 집을 비우기가 일쑤였습니다. 며칠 내려가 있으면 집에 있는 시간은 기껏해야 몇 시간에 불과할 정도였으니까요. 그래서 저는 시골에 내려가는 목적이 어머니를 보러 가는 것이 아니라 친구들을 만나러 가는 것이라고 생각했습니다. 그런데 막상 어머니가 돌아가시자 시골집에 가는 것 자체가 싫어졌습니다. 그때 저는 깨달았습니다. 어머니가 계셔서 시골 친구들이 의미가 있었다는 사실을……

어머니는 텅 빈 존재였습니다. 그 '텅 빔'이 있었기에 시골이나 친구와 같은 '내용'들이 의미가 있었던 것이지요. 애태타 역시 자신은 비우면서 다른 사람들을 의미 있게 하는 그런 존재가 아니었을까요?

함께하는 리더

이끄는 리더와 따르는 리더에 이어서 마지막으로 '함께하는 리더'를 소개하는 것으로 이 장을 마칠까 합니다. 여기서 '함께한다'는 것은 말 그대로 한 집단의 구성원과 함께하는 것을 말합니다. 일방적으로 앞에서 이끌거나 뒤에서 따르는 것이 아니라, 구성원들의 눈높이에 맞춰서 함께 가는 것을 말합니다. 가령 부모가 자식의 눈높이에서 자식과 함께 놀아 주고 고민하고 생각한다면, 그런 부모는 함께하는 리더라고 할 수 있습니다. 마찬가지로 교사가 학생들과 같이 대화하고 상의하고 공부한다면, 그런 교사 역시 함께하는 리더라고 할 수 있겠지요.

이런 리더는 옛날식으로 말하면 '여민與民하는 리더'라고 할 수 있습니다. 여기서 '여'는 '함께한다'는 뜻이고, '민'은 '백성'을 말합니다. 이러한 '여민'형 리더의 대표적인 인물이 바로 세종입니다.

세종은 백성들의 눈높이에서 백성들을 위한 정치를 생각한 인물로 유명합니다. 아마 세종이 우리나라 사람들에게 가장 존경받는 인물인 이유도 여기에 있을 것입니다.

세종이 '여민'을 강조했다는 사실은 다음과 같은 일화에서 엿볼 수 있습니다. 세종은 논밭을 늘리기 위해서 황폐한 땅을 논밭으로 개간하면 세금을 면제해 주겠다는 정책을 실시합니다. 그런데 하루는 지방 관리가 "어느 것이 개간한 땅인지 알 수 없다"면서 반대 의견을 내놓습니다. 달리 말하면, 백성들이 과거에 개간한 땅을 새로 개간했다고 거짓으로 보고할 수 있다는 것이지요. 이에 대해 세종은 한마디로 대답합니다. "백성과 함께하면 된다." 이것을 한자로 '여민'이라고 합니다.

세종의 이 짧은 대답에는 깊은 의미가 담겨 있다고 생각합니다. 지금으로 말하면 '되느니 안 되느니 탁상공론만 하지 말고 실제로 현장에 가서 백성들과 함께 알아보면 된다'는 뜻이지요. 달리 말하면 진실은 백성들 속에 있다고도 할 수 있지요. 백성과 함께한다는 것은 곧 백성이라는 현실과 함께하는 것을 의미합니다. 즉 사건이 일어나고 있는 현장을 중시하는 입장이지요. 이런 학문적 태도를 '실학'이라고 합니다. '실학'은 '현실을 중시하는 학문'이라는 뜻입니다. 그래서 세종의 리더십은 '여민'과 '실학'이라는 말로 요약할 수 있습니다. 세종의 정치를 한마디로 하면 '백성이라는 현실과 함께하는 정치'라고 할 수 있지요.

이런 세종의 정치적 입장을 단적으로 보여 준 것이 바로 한글 창제입니다. 한글은 백성들의 입장과 현실에서 고민한 결과의 산물이지요. 당시에 정치가나 학자들은 한문에 능통했기 때문에 한자 이외의 문자가 따로 필요 없었습니다. 아니 필요성을 못 느꼈다고 하는 편이 더 정확할지 모릅니다. 왜냐하면 한자만이 올바른 글자이고 한자 이외의 다른 글자는 저급한 문자라고 생각했으니까요. 지금식으로 말하면 오로지 영어만이 최고라고 하는 영어 제일주의 같은 것이지요. 세종이 한글을 창제할 때 맹렬하게 반대한 최만리라는 집현전 학자의 주장은 이러한 점을 단적으로 보여 주고 있습니다.

"음을 쓰고 글자를 합치는 방식이 모두 옛것에 반대되니 …… 만일 중국에라도 흘러들어 가서 혹시라도 비난하는 자가 있으면 어찌 큰 나라를 섬기고 중국 문화를 사모하는 데 있어 부끄러움이 없겠습니까! 이제 따로 한글을 만드는 것은 중국을 버리고 스스로 오랑캐와 같아지려 하는 것입니다. 어찌 수천 년 동안 폐단 없이 써 오던 이두를 버리고 야비하고 상스럽고 무익한 글자를 따로 만드십니까! 한글이 설사 유익하다고 하더라도 학자의 기예에 불과합니다. 더군다나 정치에 이로움이 하나도 없는데 여기에 정력을 들이고 정신을 허비하며 시간만 보내면, 당면한 과제들을

배우는 데 손해가 될 뿐입니다!"(《세종실록》 26년(1444년) 2월 20일자 첫 번째 기사)

　최만리의 반대 요지를 한마디로 하면, '한글은 중국 글자와 형태가 다르기 때문에 저급하며 정치에 아무런 도움이 되지 않는다'는 것입니다. 여기에서 우리는 세종과 최만리의 정치관이 근본적으로 다름을 알 수 있습니다. 최만리에게 정치란 '선진 문명을 배우는 것'이라고 한다면, 세종에게 정치란 '백성과 함께하는 것'이었지요. 최만리에게 정치가 '정치가들이 주체가 되어 백성들을 교화하는 것'이었다고 한다면, 세종에게 정치는 '백성들이 스스로 성숙할 수 있는 환경을 만들어 주는 것'이었습니다.

　세종의 창조 정신은 바로 여기에서 나왔습니다. '백성들을 위해 무엇을 해 줄 수 있을까' 하고 백성들의 눈높이에서 치열하게 고민하는 과정에서 한글 창제나 과학 기술과 같은 수많은 새로운 발명들이 나온 것이지요. 이렇게 함께하는 마음을 한자로는 '서恕'라고 합니다. '서恕'는 지금으로 말하면 공감 능력 같은 것이지요. 다른 사람의 입장과 처지를 간접적으로 헤아리는 마음의 능력이 바로 '서恕'입니다. 세종은 정치를 하는 사람에게 가장 필요한 마음가짐 중의 하나를 '서恕'라고 생각했습니다. 우리 문자가 없어서 불편해하는 백성들의 상황을 헤아린 것도 역시 '서恕'에 의한 것입니다.

다음과 같은 일화는 세종의 '서恕'의 정신을 잘 보여 줍니다. 세종 3년(1421) 3월 15일에 있었던 일입니다. 임군례任君禮라는 자가 반역죄로 처벌을 받게 되었는데, 그와 관련된 인물들도 함께 처벌해야 된다는 신하들의 여론이 지배적이었습니다. 관련 인물 중에는 임군례의 아들 임맹손任孟孫도 있었는데, 임맹손은 아버지가 역모를 꾀하는 말을 듣고 아버지를 말렸던 인물입니다. 그런데 이에 대해 심도원沈道源이라는 신하는 임맹손은 역모에 대한 논의를 옆에서 직접 들었으니 그 죄가 더욱 무겁다고 주장하였습니다. 즉, 단순히 역모와 관련된 차원을 넘어서 역모에 직접적으로 가담한 거나 다름없다는 거지요. 이에 대해 세종은 다음과 같이 말하고 있습니다.

"너의 말은 틀렸다. 비록 임금과 신하의 의리가 중하지만 아버지와 아들의 은의恩義 또한 큰 것이다. 어찌 임금과 신하의 의리로 부모와 자식 간의 은의를 없앨 수 있겠는가! 임맹손이 아버지의 옷을 잡아당기며 반란을 도모하는 말을 못 하게 한 것은 아버지에게 효자 노릇 한 것이다. 이것을 가지고 어찌 반란에 참여했다는 죄를 씌울 수 있겠는가!"

그리고 도원이 나간 뒤에 또 말했지요.

"심도원은 법을 담당한 관리로서 단지 임맹손이 반역을 꾀하는 말을 들었다는 사실만 가지고 그가 죄가 있다고 판단하였지, 임맹손이 아버지를 사랑하는 효심은 잊어버렸으니, 어찌 법을 안다고 할 수 있겠는가!"

이 일화를 통해 우리는 세종이 법을 집행하는 관리의 태도에 대해 어떤 생각을 했는지 알 수 있습니다. 즉 단순히 눈앞에 일어난 사태만 가지고 판단해서는 안 되고 그 사태의 배후에 있는 '동기'나 '의도'까지 파악해야 한다는 것이지요. 이것은 달리 말하면 사건의 본질을 파악하는 능력이라고도 할 수 있습니다. 이런 능력을 기르기 위해서는 단지 많이 알거나 머리만 좋아서는 안 되고, 상대방의 마음까지 헤아리는 '마음의 능력', 즉 '서恕'가 요구됩니다.

'서恕'의 능력을 기르기 위해서는 끊임없이 상대방의 입장에서 생각하는 '역지사지易地思之'의 태도가 필요합니다. '역지사지'란 '입장을 바꾸어서 생각한다'는 뜻입니다. 심도원은 법의 집행자라는 자신의 입장에서만 사건을 생각했습니다. 반면에 세종은 임맹손이라는 당사자의 입장에서 사건을 생각했습니다. 이런 입장의 차이가 판결의 차이를 낳은 것입니다. 세종은 법을 적용할 때조차도 '백성과 함께하는 정치'가 되어야 한다고 생각했습니다.

여러분은 어떤 리더?

우리는 누구나 한 번쯤은 리더가 됩니다. 남자들은 군대에 가서 일정 기간이 지나면 병장이 되어 하급자들을 이끌게 됩니다. 여자들은 결혼해서 엄마가 되면 살림을 꾸리게 됩니다. 동등한 친구들 사이에서도 자연스럽게 리더가 형성되고, 동아리 활동을 할 때에도 대표가 필요합니다.

그런데 리더십이란 고정된 정답이 있는 것이 아닙니다. 자기 스타일에 따라, 또는 조직이나 집단이 처한 상황에 따라 각각 다른 리더십이 요구됩니다. 가령 엄격한 규율이 요구되는 군대에서는 따르는 리더보다는 이끄는 리더가 일반적이겠지요. 반대로 어린이집이나 유치원의 선생님들은 아이들 눈높이에서 같이 놀아주는 따르는 리더형이 더 이상적일 것입니다.

하지만 이 상반되는 리더의 유형은 사실 두부 자르듯이 딱 자를 수 없는 경우도 있습니다. 가령 자세히 살펴보면, 세종에게는 따르는 면도 이끄는 면도 함께 들어 있습니다. 장영실과 같은 천민 출신을 등용한 것을 보면 유방처럼 따르는 리더의 측면도 있고, 신하들의 반대에도 불구하고 한글 창제를 감행한 것을 보면 이끄는 리더의 모습도 있습니다. 단지 전체적으로 함께하는 성향이 강하다는 것일 뿐입니다.

상황에 따라서, 상대에 따라서 필요한 리더십을 발휘하는 것 또한 리더로서의 자질이 아닐까요? 여러분은 어떤 리더형을 선호하는지, 또는 어떻게 하면 적절한 리더십을 발휘할 수 있을지에 대해서 한번 생각해 보면 어떨까요?

리더는…

'이끄는 리더', '따르는 리더', '함께하는 리더' 중 어느 리더가 바람직할까요? 여기에는 정답이 없습니다. 상황과 상대에 따라 필요한 리더십을 발휘하는 것이 바람직한 리더의 모습일 것입니다.

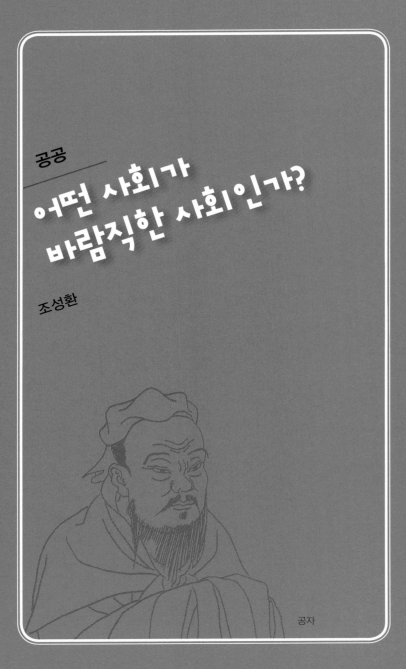

공공

어떤 사회가
바람직한 사회인가?

조성환

공자

　최근 들어 한국 사회에서는 '공공성'이라는 말이 자주 사용되고 있습니다. 가령 '공공성'이라는 단어로 구글에서 검색해 보면, "법률의 공공성"이나 "의료의 공공성" 또는 "건축의 공공성" 같은 말들이 나오고, 나아가서 "공공성이란 무엇인가?"와 같은 원초적인 질문도 자주 보입니다. 또한 〈공공성 꼴찌 국가 한국…세월호와 '공공성'〉이라는 제목의 뉴스가 보도된 적이 있는데, 이 보도에 의하면 SBS와 서울대학교 사회발전연구소가 1년 동안 공동 연구한 결과 세월호 사태의 원인은 한국 사회의 공공성이 낮은 데에 있었고, 실제로 순위를 매겨 본 결과 한국의 공공성은 OECD 국가 중에서 꼴찌였다고 합니다.

　그렇다면 과연 공공성이라는 것은 무엇이며, 왜 그것이 중요한 걸까요? 왜 우리나라의 공공성은 다른 나라에 비해 턱없이 낮은 걸까요? 이 장에서는 이런 점들에 대해 알아보겠습니다.

'공공'이라는 말의 의미

'공공성'이라는 말을 분석해 보면 '공공'+'성'으로 나눌 수 있습니다. '성性'이란 '인간성', '특수성', '형평성'과 같이 명사 뒤에 붙어서 '~의 성질'을 나타내는 말입니다. 따라서 '공공성'이라는 말도 일단 '공공의 성질'로 이해할 수 있을 것입니다. 그렇다면 '공공'은 무엇일까요?

'공공'이라는 말은 한자로는 '公共'이라고 쓰는데, 이 한자어는 약 2000년 전에 사마천이 쓴 《사기》라는 역사서에서 처음 등장했습니다. 《사기》에는 여러 사람들의 전기가 수록되어 있는데 그중에서 장석지張釋之(?~?)라는 사람의 전기에 '공공公共'이라는 말이 처음 나오고 있습니다. 장석지는 한나라 문제 때의 정위廷尉로, 당시에 법을 총괄하는 직책을 맡고 있던 고위 관리였습니다. '정위'는 지금 우리나라의 법무부 장관 겸 대법관쯤 되는 벼슬이었습니다.

어느 날 한나라 문제文帝(B.C.202~B.C.157)가 궁궐 밖을 행차하고 있을 때의 일입니다. 마침 다리를 건너려고 하는데 갑자기 다리 밑에서 한 사람이 뛰쳐나오는 바람에 문제가 타고 있던 말이 하마

터면 넘어질 뻔했습니다. 다행히 문제는 무사했지만 자칫 잘못했다가는 황제가 말에서 떨어져 큰일이 날 수도 있는 상황이었습니다. 이에 문제는 즉시 장석지에게 다리 밑에서 뛰쳐나온 사람을 심문하라고 명령했습니다.

장석지가 자초지종을 묻자 그 사람은 이렇게 대답했습니다. "다리 밑을 건너고 있는데 황제의 행차가 지나간다는 소리를 듣고 다리 밑에 숨어 있다가, 행렬이 다 지나간 줄 알고 나왔는데 아직 행렬이 다리를 건너고 있던 중이었습니다." 이에 장석지는 황제의 행차를 방해하였으므로 법률에 따라 벌금 죄에 해당한다는 판결을 내렸습니다.

그러자 문제는 황제의 목숨을 위태롭게 한 죄에 비하면 형벌이 너무 가볍다면서 크게 화를 냈습니다. 이에 대해 장석지는 다음과 같이 대답하였습니다.

"법이란 천자가 천하와 함께 공공公共하는 바입니다."

즉 제아무리 천자라 할지라도 법은 보통 사람들과 마찬가지로 공평하게 지켜야 한다는 뜻입니다. 여기에서 '공공'이라는 말이 처음 나오는데, 명사가 아니라 동사로 쓰였습니다. 그리고 그 의미는, 앞의 '공公'은 '모두' 또는 '공평하게'를 뜻하고, 뒤의 '공共'은 '함께한다'는 말이기 때문에, 전체적으로 '모두와 공평하게 함께한다'는 정도의 뜻입니다. 여기에서 핵심은 어디까지나 뒤의 '함께한다(共)'에 있습니다. 앞의 '공(公)'은 '함께한다'를 수식하는 부사 정도로 보면 됩니다. 그래서 '모두와 함께한다'거나 '공평하게 함께한다'는 의미가 됩니다.

'공공'이 동사로 쓰였다고 한다면 여기에 '성'이라는 말이 붙는 것은 조금 이상합니다. 왜냐하면 '성'이란 말은, 앞에서도 살펴보았듯이, 대개 명사에 붙어서 추상 명사를 만드는 어미이기 때문입니다. 하지만 그렇다고 해서 말이 전혀 안 되는 것은 아닙니다. '공공성'이란 '공공하는 성질', 다시 말하면 '모두와 함께하는 성질'이라고 이해하면 되니까요. 그래서 "한국이 공공성이 낮다"고 한다면 우리나라 사람들은 모두와 함께하는 성향이 부족하다는 의미가 됩니다. 뒤집어 말하면 '모두'가 아닌 '일부'나 '자기'만 생각하는 경향이 강하다는 뜻이겠지요.

공공하는 마음과 행위

그렇다면 구체적으로 '공공한다'는 것은 어떤 것을 말하는 걸까요? 앞에서는 한나라 문제가 백성들과 마찬가지로 공평하게 법을 지키는 행위를 가리켰습니다. 그러나 이와는 다른 예들도 얼마든지 생각할 수 있습니다. 가령 세종은 문제와 비슷한 상황에 처한 적이 있었지만, 문제나 장석지와는 조금 다른 '공공함'을 보여 주었습니다. 세종이 살았던 조선 시대는 법이 더 엄격해서 왕의 행렬을 방해하면 당장 사형에 처해졌습니다. 그래서인지 세종은, 왕의 행렬을 방해한 죄인을 사형에 처해야 한다는 신하 정연鄭淵(1389~1444)의 주장과는 달리 "아무것도 모르는 백성이 멋모르고 한 행동이니 다른 법조문을 적용해 보라"고 하는 관대한 판결을 내립니다.

여기에서 우리는 법조문 그대로 따르는 공공함과는 다른 공공함, 즉 '모른다'고 하는 상대방의 처지와 입장을 헤아려서 법을 적용하는 공공함을 엿볼 수 있습니다. 이러한 태도는 앞에서 살펴본 '함께하는 리더' 즉 '여민'의 모습에 다름 아닙니다. 그래서 '여민'을 '공공'의 다른 말이라고 볼 수도 있습니다. 또는 세종은, 심도원에게 그랬듯이, 정연에게도 "법을 모른다"고 하면서 '서恕(공감)'의 부족을 질타하고 있다고도 할 수 있습니다. 그래서 세종의 '공공'은 '서恕'를 동반한 '공공'이라고 말할 수 있습니다. 사실 세종의 한글 창제도 백성들이 한자를 '모른다'고 하는 처지를 헤아린 데에서 나온 '공공함'의 결과였습니다.

지금까지는 법 적용에서의 '공공함'의 예를 살펴보았습니다. 이번에는 시각을 조금 바꿔서 세대 간의 공공에 대해서 생각해 보겠습니다. 요즘 '세대 간의 갈등'이니 하는 말들이 심심찮게 들리고 있습니다. 그런 점에서 세대 간의 공공도 반드시 짚고 넘어가야 할 문제라고 생각합니다. 고대 중국의 철학자이자 유학의 창시자로 알려진 공자는 스스로를 "술이부작述而不作한 사람"이라고 칭했습니다. 여기서 '술述'은 '서술하다'라는 뜻으로, 의역하면 '전달하다', '풀이하다', '해석하다'라는 의미가 됩니다. '술述'의 숨은 목적어는 공자 이전에 존재했던 찬란한 전통문화입니다. 우리로 말하면 고려 시대나 조선 시대의 문화에 해당합니다. 한편 '작作'은 '없던 것을 새로 만들다'라는 뜻입니다. '이而'는 '그리고(and)'나 '그러나(but)'라는 의미이고, '불不'은 부정어(not)입니다. 그래서 '술이부작'은 '전통문화를 서술했을 뿐 새로운 것을 만들지는 않았다'는 뜻이 됩니다. 공자는, 유학의 창시자로 추앙받고 있지만, 정작 자신은 스스로를 '해석자'라고 했지, 결코 '창조자'로 자부하지는 않았습니다.

공자의 '술이부작'은 세대 간의 공공함을 생각하게 하는 말입니다. 과거 세대의 전통문화를 미래 세대에 전달하는 것을 현재 세대인 자신의 임무로 생각한다는 입장을 나타내고 있기 때문입니다. 그래서 공자는 자신의 위치를 과거 세대와 미래 세대 사이에 두고서, 즉 두 세대를 모두 염두에 두면서 자신이 할 일을 수행하고 있다는 점에서 세대 사이에서 공공했다고 말할 수 있습니다.

즉 '과거 세대—현재 세대—미래 세대'라고 하는 3세대 모두와 함께하는 '공공함'을 몸소 실천한 것이지요. 단지 지금 세대만 생각하거나 과거에만 매몰되는 게 아니라, 과거와 현재 그리고 미래를 모두 시야에 넣고서 세상을 살아간 것입니다.

이와 유사한 세대 간의 공공함은 세종에게서도 찾아볼 수 있습니다. 세종은 과로한 나머지 말년에 눈병이 나고 몸이 몹시 쇠약해졌습니다. 그래서 자기 아버지가 자기에게 그랬듯이, 살아생전에 아들에게 왕위를 물려주려 하였습니다. 그러자 신하들이 벌떼처럼 달려들어 반대했습니다. 여러 차례의 반대에 부딪히자 세종은 절망한 나머지 답답한 심정을 이렇게 토로합니다. "그렇다면 내가 환관에게라도 정치를 맡겨야 하겠느냐? 그것은 후세에 보여 줄 도리가 아니다!"

여기에서 "후세에 보여 줄 도리"는 한자로는 '시후지도示後之道'라고 합니다. '시示'는 '보여 주다'라는 뜻이고, '후後'는 '후대'나 '후세', '도道'는 '도리', '지之'는 '~의'라는 의미입니다. '시후지도'는 세종이 평소에 어떤 마음으로 정치에 임했는지를 단적으로 보여 주고 있습니다. 그의 정치는 단지 당시의 백성뿐만 아니라, 지금의 우리와 같이 보이지 않는 후세까지도 염두에 둔 '세대 정치'였던 것입니다. 후대에게 모범이 될 만한 정치, 후세에 부끄럽지 않은 정치를 해야겠다는 것이 정치에 임하는 세종의 마음가짐이었습니다. 이러한 그의 마음을 '공공하는 마음'이라고 할 수 있겠지요.

후대와 공공했다는 의미에서 '다음 세대와 함께하는 마음'이라고
도 할 수 있습니다.

공자나 세종이 보여 준 세대 간의 공공함은 지금과 같은 시대
에는 의미하는 바가 크다고 생각합니다. 왜냐하면 현대 사회는
보이는 것만 중시하는 시대라고 할 수 있으니까요. 이런 경향을
보통 '세속화'라고 말합니다. 세속화된 사회에서는 눈에 보이지
않는 가치나 존재에 대해서는 큰 의미를 두지 않습니다. 아마도
오늘날 한국 사회에서 공공성이 붕괴되고 있다고 한다면 이런 세
속화의 경향도 중요한 원인이 아닐까요?

하늘과 인간의 공공

공공함은 단지 인간과 인간 사이 또는 인간과 제도 사이에서
만 일어나는 행위는 아닙니다. 그것은 추상적인 원리나 초월적인
신 같은 존재와의 사이에서도 일어날 수 있습니다. 가령 전통 시
대의 사람들은 자연의 원리와 함께하는 삶을 살았습니다. 자연의
원리는 인간이라면 누구나, 또는 존재하는 모든 생물이 다 공유
하는 법칙입니다. 그런 점에서 '공공지리公共之理'라고 합니다. '공
공지리'란 '모두가 공공하는 원리'라는 뜻입니다. 이것을 줄여서

'공리公理'라고도 합니다. '공리'란 지금으로 말하면 누구나 지켜야할 '보편적인 법칙이나 원리'를 뜻합니다.

우리 조상들은 법이나 예절과 같이 단지 인간이 만든 규범만을 지켰던 것은 아닙니다. 오히려 그보다 더 상위에 있는 '자연의 원리' 내지는 '우주의 법칙', 즉 '공리'를 더 중요하게 생각했습니다. 가령 대자연은 봄이 되면 어김없이 만물을 소생시킵니다. 우주는 이렇게 만물을 생성하는 마음을 가지고 있습니다. 이것이 우주를 운행하는 대원칙이지요. 전통 시대 사람들, 특히 유학자들은 이러한 우주의 마음 내지는 법칙을 지키려고 노력했습니다. 그래서 생명을 소중히 여겼고, 우주와 같이 생명을 살리는 마음을 간직하고자 노력했습니다. 이것이 바로 '우주와의 공공'입니다. 즉 '우주와 함께하는 삶'이지요.

옛날 사람들은 우주와 단절된 삶, 자연과 분리된 삶을 가장 두려워했습니다. 그런 점에서 지금과는 오히려 정반대라고 할 수 있지요. 지금은 인간과 자연을 분리하여, 인간이 어떻게 하면 과학 기술을 이용하여 자연을 잘 활용할 수 있을지를 고민하는 시대이니까요. 하지만 불과 200~300년 전만 해도 자연은 인간의 상위에 위치해 있었습니다. 인간은 자연의 일부였고, 자연이라는 환경 속에서 살아야 할 운명으로 이해되었습니다. 그래서 자연과의 공공은 당연히 지켜야 할 행위로 간주되었던 것이지요.

이런 세계관에서 인간의 윤리적 규범도 자연으로부터 도출되었습니다. 《중용》에 "성실함 그 자체는 자연의 길이고, 성실하려고 노력하는 것은 인간의 길이다"라는 말이 있습니다. 자연은 항상 어김없이 사계절이 운행되고 밤낮이 교대됩니다. 따라서 인간역시 이러한 자연의 운행과 리듬에 맞춰서 성실하게 살아야 한다는 것입니다. 가령 해가 뜨면 일어나고 해가 지면 잠자리에 든다거나, 자기가 내뱉은 말은 반드시 지켜서, 마치 자연의 운행에 거짓이 없듯이, 주위 사람들에게 신뢰를 주어야 한다거나 하는 식입니다.

그러다가 19세기, 우리나라에서는 중국으로부터 수입한 사상이 아니라 우리 스스로 생각해 낸, 그것도 정부나 국가나 관리가아닌 평민이 자발적으로 만들어 낸 '동학東學(동쪽의 학문)'이라는 철학을 탄생시킵니다. 여기서 '동東'은 '동양'이 아니라 우리나라를가리킵니다. 가령 '동국東國(동쪽 나라)'이라고 하면 우리나라를 가리켰고, '해동海東(바다 동쪽)'은 '한반도'를 일컬었으며, '동방東方(동쪽 지방)' 역시 우리나라를 말했습니다. '동방예의지국'이니 하는 말들은모두 여기에서 나온 것들입니다.

'동학'은 중국에서 들여온 학문이 아니라 한반도에서 자생적으로 생겨난 학문임을 나타내는 말입니다. 당시 조선의 백성들은중국에서 들여온 유학이나, 서양에서 새로 들어온 서학(천주교)은 더 이상 한국인들의 삶을 이끄는 사상이 될 수 없다고 판단하고 스스로 자신들에게 맞는 사상을 만들어 내기에 이른 것입니다.

그런데 동학의 가장 큰 특징은 "인간은 누구나 하늘을 모시고 있다"는 사상입니다. 여기서 하늘은 우주를 운행하게 하는 어떤 특별한 존재를 말합니다. 기독교로 말하면 하나님 같은 존재이고, 단군 신화로 말하면 단군과 같은 존재라고 할 수 있겠지요. 하지만 동학의 하늘은 구체적인 사람의 형상으로 나타나지 않고, 우주적인 생명력의 형태로 자연과 인간과 사물 속에 존재합니다.

이전에는 그것을 한자로 '리理(원리, 법칙, 도리)'라고 표현했지만 동학에서는 순수한 우리말을 사용해서 '흔늘(하늘)'이라고 말하고 있습니다. '리理'라고 하면 법칙성이나 비인격성이 강조되지만, '하늘'이라고 하면 인격성이 두드러집니다. 그래서 '리理'가 지켜야 할 어떤 규범을 의미하는 반면에, '하늘'은 존중해야 할 존엄한 대상을 가리킵니다. 인간은 누구나 우주적 생명력으로서의 '하늘'을 몸 안에 간직하고 있기 때문에 신분에 상관없이 존중받아야 할 권리가 있다는 것이지요.

그래서 실제로 동학을 창시한 최제우崔濟愚(1824~1864)는 자신의 두 노비를, 한 명은 수양딸로, 다른 한 명은 며느리로 삼습니다. 철저한 신분제 사회였던 조선 시대로서는 상상할 수도 없는 일이 었지요. 양반과 노비가 함께 식사를 하는 것조차 금지되었던 시대였으니 말입니다.

여기에서 사람과 사람 사이의 새로운 공공함이 출현하게 됩니다. 사람과 사람 사이에 신분이라는 인위적인 장벽을 허물고, 진정으로 평등하고 대등한 상태에서 '함께 존중하자'는 새로운 공공함의 제창이지요. 그러나 역설적이게도 바로 그런 새로운 공공함의 발견과 실천 때문에 최제우는 불과 40세의 젊은 나이에 형장의 이슬로 사라지게 됩니다. 기존 질서에 반하는 사상을 전파하여 사람들을 미혹시켰다는 죄명이었습니다.

더욱 흥미로운 점은 동학의 이러한 공공함은 단지 사람과 사람 사이를 뛰어넘어서, 하늘과 인간 사이에도 적용되고 있다는 점입니다. 동학의 제1대 교주인 최제우는 어느 날 하늘의 소리를 듣게 되는데, 이때 하늘은 스스로를 돌아보며 "노이무공勞而無功", 즉 "지금까지 고생(勞)은 했지만(而) 공(功)은 없었다(無)"고 고백하고 있습니다.

이것은 무슨 뜻일까요? 아마도 지금까지 만물을 낳고 기르는 일은 잘해 왔지만, 거기에서 한 걸음 더 나아가서 인간과 만물을 구제하는 일은 완성하지 못했다는 의미인 것 같습니다. 즉 인간들이 서로 존중하며 다른 생물을 귀히 여기는 일은 하늘이 할 수 있는 일이 아니라 인간 스스로가 해야 하는데, 그것이 아직 이루어지지 않았다는 뜻이 아닐까요? 인간들끼리 서로 해치고 죽이며 만물을 손상시키는 데 대한 안타까움의 표현이었는지도 모릅니다.

그래서 하늘은 최제우에게 "너를 만나 비로소 공을 이루게 되었다"고 말하고 있습니다. 최제우야말로 동학을 전파하여 이러한 일을 완성할 수 있다고 본 것이지요. 이처럼 동학의 하늘은 완전한 불변의 절대자가 아니라 불완전한 과정 속에 있는 존재입니다. 그리고 그 불완전함은 인간의 도움을 통해서만 비로소 완전해질 수 있습니다. 바로 여기에 하늘과 인간의 공공함이 요구되는 것입니다.

최제우의 뒤를 이어 동학을 이끌었던 최시형崔時亨(1827~1898)은 하늘과 인간의 공공함을 이렇게 말하고 있습니다. "사람은 먹거리에 의지하고 하늘은 사람에 의지한다. 사람은 먹거리에 의지하여 생성의 바탕으로 삼고, 하늘은 사람에 의지하여 자신의 조화를 드러낸다. 사람이 호흡하고 활동하고 움직이고 먹고 마시는 모든 것이 다 하늘의 조화가 빚어낸 솜씨다. 이처럼 하늘과 인간이 서로 함께하는 구조에서 모든 존재는 한순간도 벗어날 수 없다." 여기서 "서로 함께한다"는 말의 원문은 '상여相與'라는 한자어입니다. '상相'은 '서로'라는 부사이고, '여與'는 '함께하다'라는 동사입니다. 따라서 '상여'는 '공공'의 다른 말로 볼 수 있습니다.

이에 의하면, '하늘'은 만물을 생성하여 인간들에게 먹거리를 제공하는 생성자의 위치에 있고, 인간은 그런 하늘의 조화로운 작용을 드러내는 조력자로 그려지고 있습니다. 가령 논밭을 경작하고 가축을 기르며 만물을 아끼고 소중히 여기는 것 등이 모두 하늘의 생성 작용을 완성하는 일이라고 할 수 있겠지요. 나아가서는 하늘로부터 부여받은 각자의 생명력을 창조적으로 발휘하여 예술적으로 표현하고 발산하는 인간의 모든 활동이 다 하늘의 조화를 드러내는 일에 다름 아닙니다.

이처럼 동학에서는 하늘과 인간의 관계를 어느 한쪽이 다른 한쪽을 일방적으로 따르거나 본받아야 하는 관계로 보지 않고, 서로 보완하고 서로 돕고 서로 살리는 '상생' 관계로 규정하고 있습니다. 그만큼 인간의 역할이 커진 것이고 하늘의 완전성이 제거된 것입니다. 달리 말하면 인간이 하늘처럼 존귀해지고 하늘이 인간처럼 유한해졌다고 할 수 있습니다.

'공'과 '사' 그리고 '공공성'

'공공'과 함께 자주 쓰이는 말 중에 '공公'과 '사私'라는 말이 있습니다. '공'은 원래 '공공하는 것'으로, 위에서 살펴본 '법'이나 '자연의 원리' 또는 '하늘'과 같은 것들을 포괄적으로 나타내는 말입니다. 가령 조선 시대에는 여러 사람들의 의견이나 생각을 '공공지론公共之論'이라고 했고, 이 '공공지론'을 줄여서 '공론公論'이라고 했으며, '공론'에 따르는 것을 '공도公道(누구나 가야 하는 보편적인 길)'라고 하였습니다. 앞에서 살펴본 바와 같이 '공공지리'를 줄여서 '공리'라고 하는 것도 비슷한 맥락입니다.

반면에 '사私'는 '사적私的', '사욕私欲', '사심私心'과 같이 주로 '개인적' 또는 '이기적'이라는 의미로 쓰였습니다. 특히 '공공의 것'에 반하는 것을 '사'라고 하였습니다. 달리 말하면 모두와 함께하지 못하고 자기 안에 갇혀 있는 것이 '사私'인 셈이지요. 가령 자신의 욕심, 즉 사리사욕을 채우느라 공론에 따르지 않는 것이 '사私'의 대표적인 경우입니다. 그래서 옛날 사람들은 '사私'는 물리쳐야 할 것, 그리고 '공公'은 따라야 할 것이라고 대립적으로 이해했습니다.

그런데 동학이 탄생할 무렵, 특히 일본에서는 '공公'을 '모두가 함께하는 것'으로 이해하지 않고 단지 '국가'와 관련된 것으로만 제한적으로 사용하게 됩니다. 당시의 일본은 이른바 '부국강병富國强兵' 즉 '나라를 부유하게 하고 군대를 강하게 한다'는 목표하에 모든 것을 나라를 중심에 놓고 생각했기 때문입니다. 그래서 모두가 함께하는 공공의 원리나 공공의 여론 또는 공공의 하늘이라는 생각은 사라지고, 오로지 국가만이 모두가 함께하는 최고의 집단이라는 생각이 부각되게 됩니다.

이때 생겨난 말이 '멸사봉공滅私奉公', 즉 "공公(국가)을 위해서 사私(개인)는 희생되어도 된다"는 국가 지상주의적인 표어입니다. 당시에 일본은 젊은 학생들을 중심으로 자살 특공대를 만들어 미국과 싸우게 했는데, '멸사봉공'은 그들을 설득시키기 위해서 사용되었습니다. 뿐만 아니라 '멸사봉공'은 일제 강점기에 우리나라를 다스렸던 일본 총독의 연설 속에 나오는 말로도 유명합니다.(〈이순신 장군이 '멸사봉공'? 뜻이나 알고 쓰나〉, 인터넷판 《오마이뉴스》 2012년 12월 5일 자 참고) 일본이라는 나라(公)에 대한 봉사(奉)만이 최고의 가치라는 내용의 연설입니다. 이후 이러한 생각은 우리나라에도 전해지게 되는데, 기본적으로 나라를 위해서, 또는 회사를 위해서, 또는 조직을 위해서라면 개인은 희생되어도 된다는 발상입니다.

그리고 이때부터 '공公'은 주로 '정부'나 '관청' 등을 나타내는 말로 제한적으로 사용됩니다. '공직자', '공무원', '관공서', '공기업', '공익'과 같은 말이 대표적인 예입니다. 반면에 국가나 사회를 뛰어넘어서 모두가 함께하는 것에 대해서 '공公'을 쓰는 일은 급격하게 줄어들게 됩니다. 오늘날 우리가 '공公' 하면 곧바로 국가나 정부를 떠올리는 것은 바로 이러한 이유에서입니다. 아울러 이때부터 '공공'이라는 말도, '공공 기관'이나 '공공 정책'과 같이, 국가로서의 '공公'을 나타내는 말로 의미가 변질됩니다.

그러나 앞에서도 살펴보았듯이, 원래 '공公' 또는 '공공'은 국가라는 테두리를 훌쩍 뛰어넘어서, 인류 전체 내지는 전 우주의 영역까지 나아가는 개념입니다. 가령 유학자들은 자연의 원리와 함께하는 '공공'을 실천하였고, 세종은 세대를 뛰어넘어 후대까지 생각하는 '공공'을 주장하였으며, 동학에서는 하늘과 인간이 함께하는 '공공'을 말했습니다. 그렇다면 젊은이들의 목숨을 희생시켜 무모한 전쟁에 동원하는 것은 오히려 '공公' 또는 '공공'에 반하는 행위입니다. 아울러 집단이나 조직을 위해서 개인을 희생시키는 것 역시 진정한 의미에서 '공公'을 위하는 것이 아닙니다. 달리 말하면 '공공하는' 것이 아닙니다. 이것들은 모두 19세기에 '공公'이나 '공공'이 단지 '국가'라는 좁은 테두리에 갇힌 데에서 비롯된 최근의 잘못된 현상에 불과합니다.

요즘 빈번하게 사용되고 있는 '공공성'이라는 명사도 이 무렵에, 정확하게는 1930~1940년대 무렵에, 처음으로 등장하게 됩니다. 《사기》에 '공공'이라는 동사가 등장한 지 약 2,000년 뒤의 일입니다. 국가는 모두가 함께하는 공통의 공간입니다. '공공성'이란 쉽게 말하면, 이 '국가라는 공간을 모두가 공유하고 있는 성질'을 의미합니다. 그래서 '공공성'이라는 말 속에는 국가야말로 공공적인 것을 실현하는 최고의 집단이라는 생각이 깔려 있다고 할 수 있지요. 이처럼 '공공성'은 멸사봉공이나 국가로서의 '공公'

이라는 생각과 연장선상에서 나온 말입니다.

결국 오늘날 사람들이 사용하고 있는 '공공성'이라는 말은, '누구나 공유하고 있는 어떤 것'을 가리킬 때도 있고, '국가와 관련된 어떤 것'을 말하기도 하며, 때로는 서양 사상의 영향을 받아서 '공개적인 것'이라는 의미로도 쓰입니다. 뿐만 아니라 때에 따라서는 공평한 것이나 공정한 것을 가리키는 의미로도 사용됩니다.

모든 단어에는 역사가 있습니다. 특히 사상이나 철학에서 사용되는 말은 더더욱 그렇습니다. '공공' 또는 '공공성'이라는 말에 여러 의미가 복합적으로 들어 있는 것도 이 말의 역사가 길기 때문입니다. 하지만 그 역사를 찬찬히 추적해 보면 이 말이 담고 있는 다양한 의미들이, 마치 겹겹이 쌓여 있는 지층이 드러나듯이, 저절로 나타나게 됩니다. 인문학이란 이런 작업을 하는 학문이기도 하지요.

'공공성'을 넘어서 '공공함'으로

다시 처음에 제기했던 문제로 돌아가 봅시다. 오늘날 한국 사회가 OECD 국가 중에서 공공성이 제일 낮고, 세월호 사건은 바로 이런 공공성의 부재에서 일어났다고 한다면, 우리는 이제 어떻게 해야 할까요?

저의 제안은 '공공'이라는 말이 원래 갖고 있는 깊은 의미를 음미하고, 그것을 생활 속에서 실천해 나가자는 것입니다. '공공성'이라는 추상적이고 두루뭉술한 명사보다는 '공공한다'고 하는 구체적이고 실천적인 행위에 초점을 맞추자는 것입니다.

그렇다면 오늘날 '공공' 또는 '공공함'의 의미를 회복한다는 것은 구체적으로 어떤 것일까요? 먼저 우리는 결코 혼자 사는 존재가 아니라 함께 사는 존재라는 사실을 명확히 이해할 필요가 있습니다. 동학보다 몇 십 년 전에 활동했던 정약용丁若鏞(1762~1836)이라는 유학자는 "인간은 서로 함께하는 존재다"라고 선언했습니다. 그리고 서로 만나고 돕고 함께하는 행위 속에서 사랑의 감정이 생겨나고, 바로 이 사랑의 감정이야말로 인간 사회를 이끌어가는 원초적인 감정이라고 보았지요.

동학도 마찬가지였습니다. 개인적이고 이기적이고 홀로 있는 인간이 아니라 모두와 함께 공공하는 인간을 이상적으로 생각했습니다. 그리고 이러한 공공하는 인간을 '신인간'이라고 불렀습니다. '신인간'은 '새사람'을 의미합니다. '새사람'은 신분 질서와 권위 의식에 사로잡힌 기존의 인간이 아닌 새로운 인간을 의미합니다. 이 새로운 인간관을 바탕으로 사회 전체를 바꾸어 나가자는 것이 동학의 주장이었습니다. 동학은 한마디로 하면 '새사람 운동'이라고 할 수 있습니다.

　이러한 운동을 동학에서는 '개벽'이라고 불렀습니다. '개벽'이란 '새로운 시대가 열리다'라는 뜻으로, 구체적으로는 옛 질서를 새 질서로 바꾸는 것을 의미합니다. 옛날식의 삶을 새로운 삶으로 전환하는 것을 말하지요. 동학은 인간 개벽을 바탕으로 사회 개벽을 꿈꾸었습니다. 인간과 인간이 상호 존중하면서 더불어 살고, 하늘과 인간이 서로 도우면서 우주를 경영해 나가는 세계가 동학이 이상적으로 생각한 공공하는 세계의 모습이었습니다.

　결국 문제는 '공공성이란 무엇인가?'라는 이론적 물음이 아니라 누가 과연 '공공할 것인가?'라는 실천적 물음으로 귀결됩니다. '공공한다'는 것의 구체적인 내용과 모습은 이미 동학에서, 또는 정약용이 제시하고 있습니다. 그 단초들을 실마리로 해서 오늘날 우리에게 맞는 공공하는 인간, 공공하는 사회의 모습을 설계해 나가면 됩니다.

　마지막으로 그런 청사진에 하나의 힌트가 될 만한 이야기를 소개하는 것으로 이 장을 끝맺을까 합니다. 16세기, 중국 명나라에 왕심재*라는 유학자가 있었습니다. 이 유학자의 글 중에 〈추선설鰍鱓說〉이라는 글이 있습니다. '추鰍'는 '추어탕'의 '추'로 '미꾸라지'를 말합니다. '선鱓'은 '드렁허리'라고 하는 뱀장어같이 생긴 기다란 물고기입니다.

시장을 지나가던 한 선비가 대야에 가득 담겨 있는 드렁허리들을 보았다. 그런데 너무 많이 들어 있어서 드렁허리들이 몸을 움직이기는커녕 숨도 쉴 수 없는 지경이었다. 그런데 어디에선가 미꾸라지 한 마리가 나타나더니 드렁허리들 사이를 자유자재로 비집고 돌아다녔다. 그러자 드렁허리들이 비로소 숨통이 트여서 생기를 되찾게 되었다.

《왕심재전집》 〈추선설〉

우리 속담에 "미꾸라지 한 마리가 온 웅덩이를 흐려 놓는다"는 말이 있습니다. 그런데 여기에 나오는 미꾸라지는 오히려 다 죽어 가는 드렁허리들을 살려 주는 고마운 존재로 묘사되고 있습니다. 같은 미꾸라지인데 어떤 때에는 주위에 피해를 주지만 어떤 때에는 주위를 살린다는 사실이 매우 흥미롭습니다. 아마도 웅덩이를 흐려 놓는 미꾸라지는 자신의 본성이나 능력을 이기적으로,

---

* **왕심재**王心齋(1483~1540): 중국 명나라 때 사람으로 미천한 신분으로 관직에는 나가지 못하고 상인으로 천하를 돌아다니며 학식 있는 사람을 만나면 문답을 통해 깨치며 배웠다. 1520년 양명학파의 시초인 왕양명王陽明(1472~1529)을 만나 그의 문하생이 되어 양명학자로 이름을 높였다. 저서에는 《왕심재전집》(전 5권)이 있다.

즉 '사적'으로 사용했고, 반대로 드렁허리를 살린 미꾸라지는 자신의 재능과 소질을 '공공적'으로 사용했기 때문이 아닐까요? 달리 말하면 자신의 장점을 남들과 공공하는 쪽으로 썼기 때문이 아닐까요? 이와 같이 자신의 능력을 모두와 함께하는 방향으로 발휘하여 자기가 속한 집단에 생명력을 불어넣는 모습이야말로 오늘날 우리가 추구해야 할 '공공하는 인간'의 모습이 아닐까요?

공공은…

공공은 모두와 함께하는 것을 말합니다. 즉 세대 간의 공공, 우주와의 공공, 사람 사이의 공공, 하늘과 사람의 공공 등 인류 전체 내지는 전 우주의 영역까지 나아가는 개념입니다.
우리는 자신의 능력을 모두와 함께하는 방향, 즉 공공하는 쪽으로 사용해야 할 것입니다.

참고 문헌

• 강신주, 《《왕심재전집》 혹은 미꾸라지의 즐거움〉, 《동아비즈니스리뷰》 제71호, 2010년 12월.
• 권정생 글, 정승각 그림, 《강아지똥》, 서울: 길벗어린이, 1996.
• 김학주 역, 《순자》, 서울: 을유문화사, 2001.
• 동국대학교 역경원 편, 《本生經본생경》(전 5권), 서울: 동국대학교 역경원, 2002.
• 박경환 역, 《맹자》, 서울: 홍익, 2005.
• 백혜준 역, 《전설속의 부처님》, 서울: 학고방, 1990.
• 서희건 편, 《부처님 전생 이야기: Jataka》(전 2권), 서울: 문학수첩, 1999.
• 아리스토텔레스, 이창우 외 역, 《니코마코스 윤리학》, 서울: 이제이북스, 2006.
• 안동림 역주, 《장자》, 서울: 현암사, 2007.
• 에리히 프롬, 황문수 역, 《사랑의 기술》, 서울: 문예, 2000.
• 여상경, 〈갯벌, 그 살아 숨 쉬는 생명〉, 《삶이 보이는 창》 96호, 2014년 1월.
• 장일순, 《나락 한알 속의 우주》, 서울: 녹색평론사, 2009.
• 장일순, 이아무개 정리, 《(무위당 장일순의) 노자 이야기》, 서울: 삼인, 2003.
• 조성환 글, 김선숙 그림, 《장자》, 웅진씽크빅, 파주: 2012.
• 최진석, 《노자의 목소리로 듣는 도덕경》, 서울: 소나무, 2006.
• 프리드리히 니체, 정동호 역, 《차라투스트라는 이렇게 말했다》, 서울: 책세상, 2014.
• 플라톤, 천병희 역, 《소크라테스의 변론/ 크리톤/ 파이돈/ 향연》, 고양: 숲, 2012.
• 이영이, 〈이수현 신드롬 그 후의 일본열도〉, 《신동아》 2001년 3월호.

• 책가도 6폭 병풍, 국립민속박물관 소장 (소장품 번호 민속 045481)
• 문방도 8폭 병풍, 국립민속박물관 소장 (소장품 번호 민속 029064)

최진석 선생님이 추천하는
지금 이 순간 청소년 인문학

초판 1쇄 펴낸 날 2016년 1월 4일
초판 7쇄 펴낸 날 2024년 11월 29일

지은이	김재익, 이임찬, 조성환
편집장	한해숙
편집	신경아, 최현정, 이경희
디자인	이정민, 최성수, 이이환
마케팅	박영준, 한지훈
홍보	정보영
영업관리	김효순

펴낸이	조은희
펴낸곳	주식회사 한솔수북
출판등록	제2013-000276호
주소	03996 서울시 마포구 월드컵로 96 영훈빌딩 5층
전화	편집 02-2001-5822 영업 02-2001-5828
팩스	02-2060-0108
전자우편	isoobook@eduhansol.co.kr
블로그	blog.naver.com/hsoobook
페이스북	chaekdam
인스타그램	chaekdam

ISBN 979-11-7028-046-0 43100

※ 저작권법으로 보호받는 저작물이므로 저작권자의 서면 동의 없이
다른 곳에 옮겨 싣거나 베껴 쓸 수 없으며 전산장치에 저장할 수 없습니다.
※ 책담은 한솔수북의 청소년·성인 대상 브랜드입니다.
※ 값은 뒤표지에 있습니다.

큐알 코드를 찍어서
독자 참여 신청을 하시면
선물을 보내 드립니다.

 책담 다른 내일을 만드는 상상